"そのままの私"からはじめる

坐禅

Zen

～抱えている問いを禅の智慧に学ぶ～

大童法慧
Daidou Houe

【改訂版】

雄山閣

王舎城に至る道

～改訂版まえがきにかえて～

このたび『「そのままのあなた」からはじめる『修証義』入門』の姉妹版として、『「そのままの私」からはじめる坐禅』改訂版を雄山閣様より上梓する機会を与えて頂きました。心より感謝を申し上げます。

両冊ともに「そのまま」から「はじめる」ことをキーワードにしております。これは、自身の「そのまま」を肯定したところから「はじめる」、つまり、何があったとしても「それでも生き抜こうじゃないか」という呼びかけの書であります。ですから、順境な時節には必要ないのかもしれません。

ですが、人生は喪失の連続です。また、納得のできないこと、不条理としか言いようのないこと、説明のできないことが立ち現れます。そんな途方に暮れてしまうような事柄に出逢った時にこそ、その「今・ここ」から歩き「はじめる」お互いでありたいのです。


ある日、数学者モッガラーナがお釈迦さまに問いかけました。

「お釈迦さまの弟子たちは、皆がみな、涅槃の境地に達しますか」

するとお釈迦さまはこのように聞き返されました。

「あなたは王舎城に至る道を知っていますか」

頷くモッガラーナにお釈迦さまは続けます。「あなたがその方法を誰かに伝えたならば、皆がみな、辿り着くことができるでしょうか。もちろん、ある者は無事に到達するでしょう。しかしながら、道を間違えてしまい、迷う者もいるでしょう。では、なぜこのような違いが生じるのでしょうか」

窮したモッガラーナは答えました。「お釈迦さま、私はただ道を教えるのみであります」

そこで、お釈迦さまは説かれます。「その通りです。無上安穏の境地も、そこに至る道もまさしく存在します。そして、その境地に至りうる弟子もいれば、また至りえぬ弟子もおります。でも、それを私がどうすることができましょうか。私はただ道を教える者なのです」

頭を剃って二十年となる私の眼には、王舎城の姿が未だ映っておりません。師より親しくそこに至る道を聞きながらも、何度も見失いました。それればかりか、その道を歩くのを投げ出したことさえあるのです。そんな不完全で、しかも不健全な私にはこのような本を著す資格はないのかもしれません。

でも、思うのです。愚か者だからこそお釈迦さまに縋《すが》ることができ、嘲りを享受できる人間だからこそ生まれる言葉があるのではないのだろうか、と。

王舎城への道を知ったということは、そこに到達したということではありません。なによりも大切なのは、自身の「今・ここ」から歩みはじめることです。迷いながらも踏み出したその足音は、王舎城にまで届いているのです。

あらゆることは、それがたとえ大きなトラブル、喪失、悲嘆であったとしても、自身の準備が調ったからこそ現れます。だからこそ、私たちは立ち尽くしてしまうような状況にあっても、本当の優しさと出逢うことができます。また、苦悩の真っ只中に身を置いたとしても、真実なるものからの声に響き、真理を手にすることもできるのです。

二〇一八年四月　　大童法慧　感謝合掌

はじめに
〜マインドフルネスに少し疲れたあなたへ〜

マインドフルネスという言葉をキーワードにした講座や教室、研修や著作が溢れています。また昨今では、宗教色を取り除いた瞑想という枠を超えて、マインドフルネスストレス低減法を皮切りに、心理学や医療の分野にも広く応用されています。

その風潮のせいなのか、「坐禅はマインドフルネスなのですか」と問われることが多くなりました。また、坐禅会においても、坐禅にマインドフルネスが掲げた効果を求めて参加される方が多くなったように感じています。

私はマインドフルネスに本格的に取り組んだことはありません。

数度のセミナーに参加した程度ですが、呼吸や姿勢、「今・ここ」に焦点をあてることには親しみを感じました。

しかしながら、セミナーのたびに示された正解や目標、たとえばマインドフルネスをすることで「朝から頭がスッキリしてやる気がわいてくる、仕事の効率が上がり成果を出せる、いつもは苦手な人との会話が楽にできる、周りの意見に振り回されない心が保てる、閃きや直感がさえて強靭な思考が手に入る」というものには疑問を抱きました。

「そんな素晴らしいことが短期間にできるならば、世界はアッという間に平和になるだろう」と。

今の私には、マインドフルネスと坐禅とを対比することはできません。

ですから、「坐禅はマインドフルネスなのですか」と問われた時には、「どうなのでしょうか」とことわって、二つの問答を紹介しています。

まず一つ目は、中国に禅を伝えた達磨大師と梁《りょう》の武帝との問答です。

「私はたくさんのお寺を建立したり多くの者を出家させたり、また多額の寄進をしておりますが、どういう御利益があるのでしょうか」と武帝が問いました。

達磨大師は応えました。

「無功徳」

「無功徳」とは、武帝が欲するところの御利益なんかありはしないと断じたのです。自分の善行を誉めてもらえると期待した武帝には、達磨大師の態度は想定外でした。それればかりか自分の存在を全否定をされたような言葉に怒りがこみ上げてきたことでしょう。ですから、「無功徳」の意味を受け取ることができませんでした。

達磨大師は武帝のことを馬鹿にしたのではありません。いえむしろ、そのような奇特な方なればこそと慮り、「功徳が有る無いの世界」から武帝を釣り上げようとされたのです。

その「功徳が有る無いの世界」では、有ることを求めれば際限がありません。無いことは有ることといつも比較されてしまいます。そんな比較対立の世界には、安心《あんじん》、即《すなわ》ち、本当の心の安らぎはないのです。

二つ目の問答は、武帝との問答から面壁《めんぺき》九年。達磨大師から法を嗣ぐことになる慧可《えか》大師との問答です。

「私は不安でなりません。どうか、この心を鎮めてください」と慧可大師が問いました。

すると、達磨大師は応えました。

「ならば、その心とやらを持っておいで」

慧可大師は、心を探します。けれども、見つけることができませんでした。

慧可大師は言いました。

「心を探しましたが、心を掴《つか》み取ることはできません」

達磨大師は応えました。
「今、あなたの不安とやらを鎮めたよ」

私たちもまた、実体のない心を掴み取ろうとして走り回ってはいないでしょうか。自分の心が自由にできないからと悩んでいないでしょうか。「心を整理しなければならない」「心を楽にしなければならない」と騒ぎ立てていないでしょうか。

実は「心は自分の思い通りにすることができる」というその態度こそが、迷いの出発点なのです。

達磨大師は「今、あなたの不安とやらを鎮めたよ」と示すことで、「実体のないものに苦しめられている自分というものすら無い」ことまでを慧可大師に伝えました。そして、「自分が無いというところの自分」をあきらかにする道こそに安心があるのだ、と。

最近「マインドフルネス難民」という言葉があることを知りました。

それは、今ある症状や現状を改善しようとマインドフルネスに取り組んだのに、かえって悪化させたり、より閉塞感を抱くことになったりした人たちが、自分に合致する「人、場所、方法」を求めて彷徨《さまよ》っている状態を指すそうです。

真面目な人ほど、マインドフルネスで指示された課題ができたか否かに拘《こだわ》り、目に見えた効果が現れないことに悩んでしまうのでしょう。

けれども、強いメンタル、折れない心、心の筋トレがそんなに必要なのでしょうか。果たしてそんなにあなたの心は弱いのでしょうか。


もしかしたらあなたはマインドフルネスに少し疲れているかもしれません。「自分なんか無理」と坐禅を遠ざけてきたかもしれません。

けれども、坐禅は何かを片付けてから、何かを用意してからではない、「そのままの自分」からはじめることができるのです。

どんな「今・ここ」であれ、あなたは坐禅と出逢いました。
求めて得たものはいつか必ず失います。
求めないという穏やかな世界があることを、坐禅はあなたに示してくれるはずです。
まず「効果や効能を求め逸《はや》る心」から少し離れてみましょう。

目次

「そのままの私」からはじめる坐禅　～抱えている問いを禅の智慧に学ぶ～

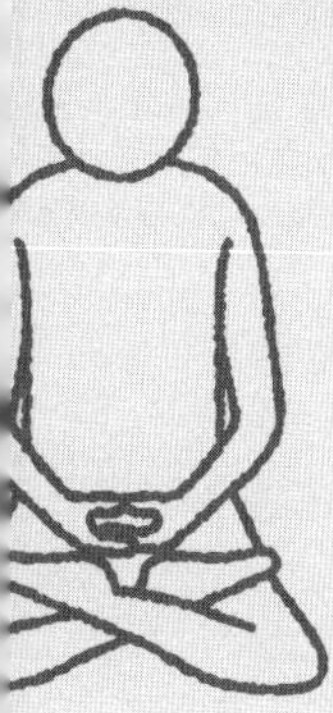

第二章　「そのままの私」がはじめる工夫
～禅のある暮らし～

第三章　「そのままの私」を生き抜く

～生老病死とともに～

第一章
「そのままの私」と暮らす
〜道元禅師に学ぶ七話〜

目の前の仕事、病、子どもの進路、親の介護、家庭の不和、不倫、借金……。
それぞれに「抱えているもの」がある私たちです。
大切なことは、「そのままの私」を否定しない姿勢です。

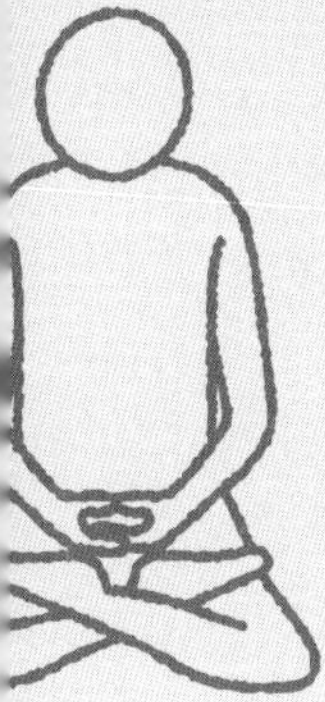

門

それなりのものを手にしてきた人がいる
欲しくても叶わなかった人がいる
人生に己の力の及ばないこともあると諭され
望んでもいないのに手放さなければならないことがあると学んだ
泣いても喚《わめ》いても「今・ここ」を生きるより他はないと この門の前に立つ

人生の夏が過ぎようとしている今、あなたはどのように世界を眺めているでしょうか。
抱いていた夢、持て余した純情、迷いのなかを踏み出した勇気、それらを経験してきたからこそ、また、失くしてしまったからこそ見ることができた地平があるでしょう。

なりたい自分になれた人もいれば、なれなかった人もいることでしょう。
その結果はどうであれ、私たちは懸命に生きてきました。悩み苦しみ迷いながらも、その時その場で一番正しいと思われる選択をしてきたのだと思いたいものです。そして、手にした結果は一つの正解なのだ、と。

「人生は素晴らしいものだ」と達観している人もいれば、「人生なんてこんなもの」と諦念している人もいることでしょう。また、「まだ何かあるのかもしれない」という淡い期待を捨てきれない人もいるはずです。

今、あなたはこの本を手にしています。それはおそらく「まだ何かあるかもしれない」という思いが「そのままの私」という言葉に惹かれ、「坐禅」という言葉を見過ごすことができなったからではないでしょうか。
それは、人生の決着、生きる意味、真理に至る術、つまりは「生まれてきてよかった」という確かな実感をあなたが求めていることに他なりません。
そんな人生の疼きを「生死《しょうじ》の問い」といいます。
その疼きは、「何のために生まれてきたのか」、「いつかは必ず死んでしまうのに、嫌な思いまでしてなぜ生きなければならないのか」という深い懊悩《おうのう》になったり、「なぜ、今、自分が死んでいかなければならないのか」という耐え難い痛みになったりもします。

たとえ現実の暮らしの重みでその疼きを誤魔化し続けたとしても、病や死を眼前に突きつけられた時、それはより大きな痛苦となって容赦なく襲いかかってくることでしょう。その時になってはじめて、それまでに懸命になって集めてきた物のなかに鎮静剤となるものはなかったと思い知らされるのです。

この「生死《しょうじ》の問い」との出逢いは、人智を超えた大いなるもの、真実なるものがあることを知る扉になります。

この疼きは個我の安息で癒やされることはなく、己と世界全体が調和することを希求します。それを見届けるためには、己と他者を隔てる価値観から離れて、自と他は一つものであるという世界観にまで視座を高めなければなりません。


中学生の頃、鎌倉新仏教を学んだことを覚えているでしょうか。

浄土宗、浄土真宗、時宗、臨済宗、曹洞宗、日蓮宗などの名称や特徴。武家政権草創期の戦乱、自然災害、人倫の混乱のなかで、「この道があるよ」と説かれた宗教的天才たちの名を学んだはずです。曹洞宗に関連しては、坐禅、只管打坐《しかんたざ》、正法眼蔵《しょうぼうげんぞう》、道元禅師などの単語を暗記した人もいることでしょう。

ここに登場した天才たちもまた、「生死の問い」に苦悩されました。けれども、いかなる「今・ここ」に対峙しようとも、彼らはその問いを持ち続けられました。そして、それ故に真実なるものを手にされたのです。

寛元二年（西暦一二四四年）、道元禅師は大本山永平寺を開創されました。
現在その山門には、永平寺五四世博容卍海《はくようまんかい》禅師が掲げた聯《れん》があります。

家庭厳峻《げんしゅん》、陸老《りくろう》の真門より入るを容《ゆる》さず。
鎖鑰放閑《さやくほうかん》、遮莫《さもあらばあれ》、善財《ぜんざい》の一歩を進め来《きた》るに。

即ち、「生死の問い」を抱え、真実なるものを求める心に至らなければ、この山門に入ることは許さない。けれども、この門には鍵も扉もなく常に開け放っているのだから、その時節が訪れたならばためらわずに一歩を進めなさい、と示しています。

今なお二月から四月にかけて、また九月頃の年二回、修行を志す若き仏たちが入ることを許されるまで山門に立ち続ける姿があります。一時間あまりが過ぎた頃、古参の者が「尊公《そんこう》らは何をしに大本山永平寺に来たのだ」、即ち、「山門に立つあなたの瞳には何が映っているのか」と一人ひとりに問いただすのです。

あなたは今、「生死の問い」を胸に門の前に立っています。
この門は、人生の疼きを抱えて生きる道があることを示しています。そして、その一歩はいつからでもどこからでも、「そのままの私」からはじめることができるのだ、と勇気づけてくれています。

生を享けて以来、いつもあなたは「あなた」と一緒でした。それは「幸せいっぱいのあなた」でもあり、時に応じて「様々なことを抱えたあなた」でもあり、ともすれば「手に負えないあなた」に姿を変えることもあったでしょう。けれども、何物にも親しく何物にも動じない「あなた」がいるのです。

人生の疼きの処方箋の一つは、「自分自身」に焦点を定めることです。この門の先には己事究明《こじきゅうめい》、即ち、「自分とは何か」についての学びをそれぞれの持ち場で深めていく道があるのです。

さぁ、勇気を出して一歩を踏み出してみましょう。

主人公

「そのままでいいよ」「ありのままでいいよ」と優しく言われた時
苦悩していた私は居心地の良さに甘え 私以外を認めなくなりました
その不自由な思いを舐めて 私はその言葉のカラクリを学びました
「そのまま」「ありのまま」だけでは人生は片付かないのだと
その言葉は「今・ここ」からはじめていくためにあるということを

苦しみ悩む者にとって、「そのままのあなたでいい」「ありのままのあなたでいていい」という言葉は、束の間の安息をもたらしてくれます。至らないままの私を受け入れ、しかも、これから先の自由な振る舞いまでも保証してくれるかのような懐《ふところ》深い響きがあります。

愛する人がその言葉をかけてくれたならばなおさらのことでしょう。これまでに世間は優しくないことを痛感してきたからこそ、あなたを認めてくれたその人は特別な存在になるはずです。

けれども、誰かに安く許された「そのままでいい私・ありのままでいい私」は案外と脆いものです。そして、「そのまま・ありのまま」の私は、眼前の問題を解決してくれません。問題を含めた「そのまま・ありのまま」で放置されてしまい、結果、自分以外の都合や思いは認められなくなってしまいます。

残念ながら、「そのままでいい・ありのままでいい」とあなたの肩に手を置く人が親切な人ばかりだとは言えません。もしかしたら、その人はあなたにその人の価値を押し付け、あなたを操作しようとしているのかもしれません。

またもしかしたら、その人はあなたに「そのままでいい・ありのままでいい」と伝えることで自分自身を保ち、そんな自分に酔っているのかもしれません。

申すまでもなく、あなたの人生の主人公はあなた自身です。

何かに頼ったり、誰かに縋《すが》ったりしたい時も人生にはありますが、だからといって、私たちは他人の価値を生きることはないのです。

正治二年（西暦一二〇〇年）、道元禅師は生を享けました。両親が誰であるかについて諸説ありますが、八歳で母親と死別したと伝えられています。道元禅師の生涯を記した『建撕記《けんぜいき》』には「悲母《ひぼ》の葬《そう》に逢《あ》いて香火《こうげ》の烟《けむり》を観《かん》じて、ひそかに世間の無常を悟りたまいて深く求法の大願をたて給《た》もう」とあります。

そして、十三歳の頃に比叡山に赴き、その翌年、当時の天台座主《ざす》公円僧正《そうじょう》のもとで出家されました。

比叡山での修学中、道元禅師は当時の叡山で流行していた「天台本覚思想《てんだいほんがくしそう》」について疑問を抱かれました。「天台本覚思想」の特色は、草木や凡夫も、森羅万象は悉《ことごと》くお釈迦さまのお悟りであるとした点にあります。

つまり、至らぬ私であっても、そのままの姿が仏そのものであり、「そのまま・ありのまま」の私のいかなる振る舞いも仏のはたらきであるのだから修行は必要ない、と高調する人々が多く現れました。「あなたはあなたのままで仏」だから、「そのままでいい・ありのままでいい」のだよ、と。

しかしながら、それを説く者に道元禅師は靡《なび》くことはありませんでした。「本来本法性天然自性身《ほんらいほんぽっしょうてんねんじしょうしん》」即ち、私たちは生まれながらにして仏と変わらぬものなのだと説かれても、簡単に肯《うなず》くことができなかったのです。私たちが仏そのものならば、なぜ私たちは苦しみ、悲しみ、争うのか、と。

そして、「すべてのものが本来悟った仏であるならば、諸仏はなぜ発心《ほっしん》し、修行をして悟りを得たのだろうか」という疑団《ぎだん》に目をつぶることができませんでした。

道元禅師はその解《かい》を求めて諸師を尋ね歩きます。

十五歳、京都建仁寺で禅を挙揚していた栄西禅師と相見《しょうけん》しましたが、その翌年、栄西禅師は入滅されてしまいます。

十八歳で比叡山から離れ、栄西禅師の弟子である明全《みょうぜん》和尚に師事して建仁寺に入ります。それは、朝廷公認の僧を辞したことを意味します。地位や肩書きに安住して良しとするのではなく、一途に真実なるものを求めていたからなのでしょう。そこで六年ほど修行されましたが、疑団が晴れることはありませんでした。

そして、二十四歳。師の明全和尚と共に入宋されました。

私がはじめて禅の門を叩いた時、師となる湛玄老師は「今・ここが宝処《ほうじょ》だと拝むことができたら本物だ」と仰いました。宝処というのは宝の在《あ》り処《か》という意味です。

けれども、お恥ずかしい話ですが、私は「今・ここ」が宝処とはまったく思えませんでした。なぜならば、その「今・ここ」の不甲斐なさに涙しながら足掻《あが》き悶える自分がいたからです。

後に道元禅師は『正法眼蔵』「弁道話《べんどうわ》」において、「この法は人人《にんにん》の分上《ぶんじょう》にゆたかにそなはれりといえども、いまだ修《しゅ》せざるにはあらはれず、証《しょう》せざるにはうることなし」と示されました。

つまり、「そのままの私・ありのままの私」が真実なるものそのものなのだけれども、何もしない「そのままの私・ありのままの私」では言葉遊び、観念の遊戯でしかないのだ。だからこそ、真実なるものに親しい生き方、「今・ここ」が宝処であったと手をあわす道を歩まなければ、「そのままの私・ありのままの私」の尊さはわからないものだ、と示されたのです。

今日も誰かがあなたの耳元で「無理しないほうがいい」、「頑張らなくても上手くいく」と耳当たりのいい言葉を囁いているかもしれません。また、「今までの負けはすぐに取り戻せる」「心の底からやりたいと思えることだけをしよう」と行き詰まったあなたの射幸心を煽る者がいるかもしれません。

けれども、その言葉に耳を貸して、あなた自身がお留守になってはいけません。「そのままのあなた・ありのままのあなた」を否定しないで、その「今・ここ」からはじめていく姿勢を失ってはならないのです。

己事究明の道を歩むとは、人生を自分にグッと引き寄せて主人公として生き抜くことです。たとえ誰かにそそのかされて寄り道をしたとしても、為したのは己だという矜持を忘れない在り方、それが主人公の姿なのだと胸に置いておきましょう。

而《に》今《こん》

父と母を縁として私はこの国のこの時代のこの土地に生を享けた
その「他ならぬ私」は「今・ここ」に命を寿ぐ
「今」とはその時限りのことだけではなく 過去も未来も「今」にある
「ここ」とはこの場限りのことだけではなく すべてのものが「ここ」につながる
いつであっても「今・ここ」 どこにいても「今・ここ」

人生はハッピーなことばかりが起こるものではありません。
それは、命の誕生においても同じです。たとえば、両親の胸に抱かれることなく命を落とす子もいます。我が命と引き換えに子を産んだ母もいます。また、大きな祝福と共に迎え入れてもらえない命もあります。守り育てるべき親に虐げられている子も

います。

世の中にはそんな状況もあることを知ったうえで、なお、命は偶々《たまたま》できたものではないと見定めておきたいものです。命は作為されたものではなく、真実なるものに願い願われて生まれてきた大いなる営みであるのだ、と。

父親と母親が結ばれたからこそ、「私」は生まれました。また、家族や親族、地域社会、師や友人、この国のこの時代を生きたからこそ、「私」が形成されました。その生まれ育った環境のなかで「私」が社会化され、「私」になりました。

ですから、両親が違う誰かと結ばれていたならば「私」は生まれていません。また、異なる言語や文化を生きていたならば、それは「私」ではありません。

私はいつも「私」と一緒です。私は「私」を離れて生きることはできません。誰とも取り換えのきかない私、「他ならぬ私」がいます。

実は、「他ならぬ私」はこの世界のすべてを命にしています。それは、私が死ねば世界がすべて無くなるという独我論ではありません。

私たちの命は、世界全体、即ち、真実なるもののいのちのなかに包摂されています。だからこそ、真実なるもののいのちに親しく生きることで、私たちは永遠のいのちをこの世で経験することもできるのです。

ですから、誰かを傷つけることは、あなた自身を斬りつけることになるでしょう。誰かを誑《たぶら》かすことで、あなた自身を騙さなければならなくなってしまいます。他者に無理なことを押し通した時に湧き上がるほろ苦さ、痛み、後悔があなたを襲うのは、真実なるいのちが疼いているからです。

つまり、同じ時間、同じ地平、そして、真実なるいのちを生きている「私」には私以外のあらゆることに責任があるのです。

そして、「他ならぬ私」は、あなた独りだけのことではありません。あなたと関係の深い人、そうでない人、一人ひとりが「他ならぬ私」なのです。

あなたは「今・ここ」を生きています。その「今・ここ」はいつも真っさらです。「今」とは特別な瞬間のことだけではなく、いつも「今」です。と同時に「今」には経験したものすべてがあります。そして、これから現れてくるものを萌芽し、あなたを陰から勇気づけてくれています。

「ここ」とは秘密の場所のことだけではなく、常に「ここ」です。と同時に「ここ」はすべてのものとつながっています。それは、真実なるいのちは切り離されてバラバラにあるのではなく、関わり合いのなかにあることを教えてくれます。

宋に留学中の道元禅師は、二人の典座《てんぞ》和尚から明々とした「今・ここ・他ならぬ私」、即ち、而今《にこん》という学びを頂戴することになります。典座とは禅の道場で修行する者たちへの炊飯や料理、また、仏や祖師への供膳を掌《つかさど》る役のことです。

一人目の典座和尚との出逢いは、宋の港の船中でした。というのも、道元禅師に上陸の許可はすぐに下りなかったからです。

お茶を勧められた典座和尚は語ります。

「私は故郷を離れてから四十年、今年六十一歳になります。これまでに多々の修行道場を遍参してきました。今は、ここから片道十九キロほどにある阿育王山で典座という役に就いております。今日は椹《じん》（桑の実、椎茸などの説あり）を求めてきました。明日、特別な説法がありますので、修行僧たちに供養しようと考えているのです」

道元禅師は「ここであなたと出逢えたご縁に感謝して、あなたにお食事を供養したいと存じます」と申し出ましたが、典座和尚は「いえ、直ちに帰って明日の準備をしなければなりませんから」と断ります。

道元禅師は「阿育王山には、他にも典座の役に就いておられる方がいらっしゃるでしょう。あなた様が不在でも、何の不足があるでしょうか」と続けました。

典座和尚は「ご覧の通り老年になってから、私は典座職を頂戴いたしました。これが私の修行なのです。どうしてそれを投げ出すことができるでしょうか。またお寺を出て来る時、外泊許可の申請をしておりませんから」と固辞しました。

そこで、道元禅師は率直に気持ちを伝えました。「あなた様ほどのお歳になって、どうして坐禅をしたり古人の語録を読んだりなさらないのですか。煩わしいことの多い典座という役に就いて、なぜひたすらに作務《さむ》をなさろうとするのですか」、と。典座和尚は大笑し、「日本の若き和尚さんよ、あなたは修行とはどういうものか、また文字というものが何なのかを未だご存知ないようですね」と看破したのです。慚愧《ざんき》した道元禅師は典座和尚に教えを請います。「では、文字とはどういうものなのでしょうか。修行とはどういうものなのでしょうか」、と。

すると典座和尚は「あなたが問われた処《ところ》とあなた自身が一つになるよう、〝今・ここ〟の文字、〝今・ここ〟の修行に〝他ならぬあなた〟が親しくあるようにすれば自然とわかりますよ」と告げて帰っていきました。しかし、その時の道元禅師には、典座和尚の言葉が響くことはありませんでした。

その後、道元禅師はかの典座和尚と再会します。そこで、典座和尚は「文字とは「一二三四五」であり、修行とは「偏界曾《へんかいか》つて蔵《かく》さず」と示されました。即ち、文字とは目に触れ耳に聞こえるものすべてであり、修行とは目に映らないものを探し出そうとすることではなくて、あなたの前にあるものをしっかりと見届けることなのだよ、と。

二人目の典座和尚との出逢いは天童山でした。用《ゆう》という名の六十八歳の老僧です。用和尚は、炎天下にキノコを干していました。彼の背骨は弓のように曲がり、大きな眉は真っ白で、笠もかぶらず汗だくになりながら黙々と手を進めていました。

その様子を見かねた道元禅師が声をかけます。

「ご老僧、なぜそのような作務《さむ》をあなたがやらねばならないのでしょうか。若い者に任せたらいいではありませんか」

すかさず、用和尚は応えました。「他は是我にあらず」つまり、他の人にしてもらっては自分がしたことにならないのだ、と。

さらに道元禅師は言葉を重ねます。

「では、どうしてこのような炎天下にされるのですか。少し涼しくなってから、なさってはいかがでしょうか」

用和尚は静かに応えました。「更にいずれの時をか待たん」つまり、この時をおいて他はないのだ、と。

用和尚の「他ならぬ私」は、困難を前にしても挫《くじ》けることのないものでした。用和尚の「今・ここ」は、活溌溌地の生命感にあふれたものでした。

若き道元禅師にとって用和尚の応えは「あなたとは誰なのか、そのあなたはきちんと生きているのか」と胸ぐらをつかまれたかのような衝撃だったのでしょう。この件《くだり》のあとに、道元禅師は「山僧便《すなわ》ち休す」と記してあります。即ち、絶句するより他なかったと仰るのです。

二人の典座和尚の話はよく知られたものです。もしかしたら、あなたも何度となく聞いているかもしれません。そして、「今というものが大切なのだ」程度に受け止めていたかもしれません。しかし、それだけでは道元禅師が典座和尚と出逢ったように、あなたは典座和尚と出逢っていないことになるでしょう。

仏教を学ぶということは、素敵な言葉を集めることではありません。仏教に親しむことで目に映る風景が変わり、人生が潤っていくようにありたいものです。

而今とは、自分が自分になることです。

真実なるものは決して遠くにあるのではなく、而今にあります。

己事究明の道とは、「今・ここ・他ならぬ私」、その而今に親しく生きることなのです。

光明

努力すれば報われる　そう教え込まれて信じてきた
そこにはいつも物足りない自分と物足りようとする自分がいた
勝てば一時の満足と少しの優越感
負ければ無限の焦燥と敗北感
しかしその勝負にもがいたからこそ見えた光　それを胸に灯し続けたい

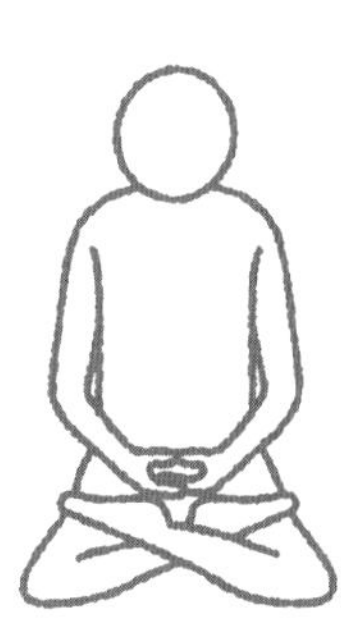

苦の本質は、自分の思い通りにならないということです。
その起因は「物足りようとする自分」にあります。己の欲を満たさんがために誰かを蹴落としたり、自分を欺いたりした日を過ごしたことがあるやもしれません。また、もし次の一瞬が自分の思い通りになるのならば、大切な何かを失ってもいいとさえ思

う夜を明かしたことがあったかもしれません。

たとえ神仏を拝み倒しても、思い描いた結果が出ないことはよくあることです。そんな時、あなたは神や仏などあるものかと何もかも投げ棄てたでしょうか。それとも、これもまた何かの導きなのだと受容したでしょうか。


物足りようとする自分はいつも飢え、何かが足りていませんでした。だから、自信がありません。世の中には、そんな心理を上手く利用して、多額の献金を求める個人や団体があります。それらは宗教や真理の名を騙《かた》り、真実を晦《くら》まして因果を銭で解決しようとし、絵空事の安楽を提供します。

とても残念なことですが、その仕組みに騙されてしまう人も少なくありません。けれども、誑《たぶら》かされた責めは言葉巧みに擦り寄ってきた相手だけにあるのではありません。何としてでも自分の思い通りにしたいという情念から離れられなかった自分自身がそこにいたことを忘れてはならないでしょう。

思えば、私たちはいつも「物足りよう」と生きています。足りないものを満たすことが人生であるかのように。

その一方で、物足りようとしても、如何《いかん》ともし難いことが人生には厳然としてあります。たとえば、高価なサプリメントをいくら飲んでも、病はいつも隣にいます。アンチエイジングにお金を費やしても、日いちにちと老いていきます。また、ヘルスリテラシーの高い人が必ずしも長寿とは限りません。そして、必ずやり遂げなければならないことがあったとしても、死は容赦してくれません。

思い通りにならないことを思い通りにしようとすることだけが人生ではないはずです。だからこそ、思い通りにならなければ承知しないという欲から離れていくことが必要なのです。

我れ在宋《ざいそう》の時、禅院にして古人《こじん》の語録を見し時、ある西川《せいせん》の僧の、道者《どうしゃ》にて有りしが、我れに問ふて云《いわ》く、「何の用ぞ」答えて云く、「古人の行履《あんり》を知らん」
僧云く、「何の用ぞ」云く、「郷里に帰りて人を化《け》せん」
僧云く、「何の用ぞ」云く、「利生《りしょう》の為なり」
僧云く、「畢竟《ひっきょう》じて何の用ぞ」

宋に留学中、道元禅師が禅の語録を読んでいた時に、ある僧が問いかけました。「あなたはその本を読んでどうしたいのですか」、と。道元禅師は「禅に生きた方々の姿を学びたいのです」と答えました。

続けてその僧は「それでどうしたいのですか」と問いました。道元禅師は「日本に帰った時にこの学びを伝えたいと思っています」と答えました。

再びその僧は「それでどうしたいのですか」と問います。道元禅師は「それが人々の生きる糧になるはずです」と答えます。

そして遂に、その僧は「畢竟じて何の用ぞ」と今一度問うたのです。つまり、あなたは結局それでどうしたいのですか、と。

道元禅師は、その答えに窮してしまうのです。

物足りない私たちは物足りようとして生きてきました。

そこに、「畢竟じて何の用ぞ」と問いかけられた時、あなたはどうお答えになられますか。家族のため、子どものため、人のため、社会のためだと答えたとしても、更《さら》に「畢竟じて何の用ぞ」と問われたならばいかがでしょうか。

物足りるためにだけに生きている私たちではありません。

暗闇のなかをもがき足掻《あが》き続けたからこそ見えた光を、光明といいます。その光明は、「物足りずともある私」を照らしています。そして、思い通りにいかないことが悪いことではないのだと優しく語りかけてくれています。

また光明は、「～すべきである」という小さな自己規定を解き放ってくれることでしょう。そして、どんな不運に見舞われても不幸にはならないのだと、私たちを励まし続けてくれます。人生に不幸などない、不幸だと思う自分がいるだけなのだ、と。

そんなふうに、「すべてを糧にして生きていく力」を私たちは持っていることを教えてくれるのです。

あなたが今生きてあるは、「畢竟じて何の用ぞ」。

師

たくさんの名刺を集めて人脈を誇っていても 利が絡めば義が廃《すた》る
こちらの調子がいいと擦《す》り寄り そうでないと距離を置こうとする人たち
自分にとって都合がいいか悪いかで その人を評価する人たち
されど それも I am a part of all that I have met.
そして 進一歩師を求める志を持つ

師から「カラスは白い」と言われれば、「はい」と応えるのが弟子だと教えられました。なぜならば、何事も守破離の階段があるからです。

ですから、まず、師の言葉を素直に聞いていかなければなりません。

お茶の道、書の道、剣の道、そして、仏の道。道と名の付くものだけではなく、まずは、師や先人、上司や先輩の教えるところを護持することが大切です。

そして、「なぜ、カラスが白いのか」を会得すること。

そのうえで、「カラスは黒かった」と申し上げるならば、きっと師も応えてくれることでしょう。「白いカラスは珍しいな」、と。


啐啄同時《そったくどうじ》という禅語があります。

雛が卵の外へ出ようと殻を内からつつくことを「啐《そっ》」。母鳥がそれに応じて殻を外からつつくことを「啄《たく》」。「啐啄」が「同時」であってこそ、雛は誕生することができるのです。


大切なことは、「カラスは黒いです」と即答することではありません。つまり、吾我を主張するものではないのです。

そして、「弟子からすべてを奪ってくれる師」のありがたさに気づきたいものです。

師を持つことは簡単なことではありません。

なぜならば、私たちは「自分我《じぶんが》」という思いを大切に飼い、自己を肥大化させてしまいがちだからです。野放図な自我、調えられていない自己には、師の存在は邪悪なだけです。そんな心掛けでは、師を求めるには時間がかかってしまうことでしょう。

また、出逢いというものは自分が求める程度にしか現れません。もし、師となる人が目の前に現れたとしても、あなたが師を求めていなければそれに気づけないでしょう。もし、あなたが深く求めていれば、現前の人の世評や肩書きに騙されたり、徒《いたずら》に妄信したりすることはないでしょう。

宋の国を遍参する道元禅師は、師となる天童如浄《てんどうにょじょう》禅師と相見《しょうけん》します。その日から二年後に宋を去るまでの間、如浄禅師のもとで一心に修行することになりました。それは、切に求めたからこその出逢いでした。

如浄禅師は老体を励まして、若い修行僧たちと共に坐ります。そして、居眠りをしている僧を見つけると殴ったり、靴を脱いでそれで叩いたりすることもありました。

そして、「この生きている間に、真実なるものにお逢いしなければもったいないのだ。それに気づいてほしいからこその指導だから許してほしい」と詫びる姿もありました。修行僧たちは涙を流して感謝し、打たれることを悦《よろこ》んだそうです。

ある日の坐禅中、如浄禅師は居眠りする僧を見て、「坐禅は身心脱落である。眠りこけてどうするのだ」と一喝しました。その言葉の響きに触れた時、道元禅師は真実なるものをしっかりと見届けることができたと伝えられています。

その折、道元禅師は如浄禅師の部屋へと赴き、焼香しました。如浄禅師は「何のために焼香するのか」と問いかけました。すると、道元禅師は「身心脱落し来る」と申し上げました。如浄禅師は微笑んで「脱落身心」と道元禅師の境涯を認めました。

道元禅師は続けます。「これは一時の枝にすぎませんから、みだりに許さないでください」、と。すると如浄禅師は「私はそのようなことはしない」と応えます。そこで道元禅師は「では、そのみだりに許さない心は何でしょう」と応じました。それを見届けた如浄禅師は「脱落脱落」と証明されたのです。

こうして道元禅師は、お釈迦さまの弟子の摩訶迦葉《まかかしょう》大和尚から数えて五十一代目の正伝の仏法の継承者になったのです。

渾身似口掛虚空　渾身口《こんしんくち》に似《に》て虚空《こくう》に掛かる
不問東西南北風　問わず、東西南北の風
一等為他談般若　一等《いっとう》、他のために般若を談ず
滴丁東了滴丁東《ちんりんとんりんちんりんとん》　チンリントンリン　チンリントン

これは、天童如浄《てんどうにょじょう》禅師の風鈴の詩です。

吹く風に揺れて悟りを語りだしている風鈴の姿があります。

その風鈴は、どのような風も嫌いません。利の風、衰の風、毀《き》の風、誉の風、称の風、譏《き》の風、苦の風、楽の風、順境の風も、逆境の風にもただチリンチリン、チリリン。あの風は決して避けられなかったのです。なぜならばあの風を吹かせたのは

私自身だったのですから。

ご存知のように、生きていれば上手くいかないことも多々あります。墓場まで持っていかなければならないようなことの一つや二つはあるものです。誰かに裏切られたり、下げたくない頭を床にこすりつけたり、嗚呼《ああ》もう終わりだと何度思ったことでしょう。でも、風鈴は語りかけてくれます。大切なものを見失うことさえなければ、それでいいのだ、と。その一つは、多くの関わりのなかで自分があるということ。そして、そこで生きていくということ。

私の出逢った事柄すべてによって私は形づくられています。

己事究明の道は生易しいものではありません。流行りのセルフコントロールという視点も大切なことですが、時に、自分の心というものは、自分でも扱えないほど傲慢で尊大になることだってあるのです。

だからこそ、あなたを叱り、励まし、真実なるものがあると示してくれる人を求め
願う心を忘れてはならないのです。

眼横鼻直《がんのうびちょく》

集め増やすために隣を横目で覗き 奪い取る機会を窺い続ける
手にしたか否かの喜怒哀楽に 己の身をやつす日送り
手にしたものを誰かと競い比べ 自慢と卑下と言い訳を繰り返す
世の中の目に映るほとんどのものは移り変わっていく
誰にも奪われない 決して無くならないもの それを宝としたい

あなたの宝物は何でしょうか。

幼い子どもならば、ゲームやおもちゃを指差すことでしょう。若い人ならば、バイクや車、宝石やブランド品を思いつくかもしれません。年配の方ならば、健康や時間、仕事や家族、地位や名誉なども挙げられることでしょう。また、恋人や友の名を答える人もいれば、土地や金だと端的に言う人もいることでしょう。

若くもなければ、「人生は金じゃない」とは素直には言い切れないものです。お金が原因で裏切られたりもめたりした人もいれば、お金さえあればと涙する夜を過ごす人もいるはずです。お金がないがために、人生の辛酸を舐めることになったという人も少なくありません。

時給〇〇円というように時間をお金で換算し、収入の良し悪しで人間の質までもが測られてしまうようなきらいがある時代です。この場所では、互いの欲望を肯定し、そこから降りるまでのレースが延々と繰り広げられます。

もちろん、人生を涙なく面白おかしく過ごすことができれば素敵なことです。苦労するよりも楽をしたい、馬鹿にされるよりも褒められたいのも人情です。大きな庭付きの家に住み、流行りの物を身に纏《まと》い、美味しく珍しい物を口にする。金の力に任せて酒色に耽溺《たんでき》する人もいれば、贅《ぜい》の限りを尽くした道楽に遊ぶ人もいます。そして、最期は長い戒名と日当たりのよいお墓。

けれども、ある日のすき間風に「歓楽極まりて哀情多し」を感じる道人も多くいるものです。

人間は、お金やお金で買える宝物を手にするために命を奪い合うこともします。盗んででも、騙してでも、殺めてでも宝物を手に入れようとする性《さが》もあります。また人間は、手にするものを値踏みし、手にあるものを比べようとします。勝ったならば誇り、優越の席を譲ろうとはしません。そして、劣ったならば卑屈になり、勝った者への誹謗中傷をはじめることもあります。

その心根には、多くの物に囲まれることが幸せだという思いがあるからではないでしょうか。

ここに連ねた宝物は永遠にあるものではありません。時に壊れ、時に失い、時に奪われてしまうものばかりです。たとえ使い切れないほどの資産があったとしても、先祖代々の田畑を宝としても、それを持っているあなたの命は移り変わっていくのです。

誰もが裸で生まれてきて、最期は骨壷ひとつに納まる生涯です。時節が至れば、それらの宝物を手放さなければなりません。いつまでも握りしめておくことはできないものです。しかし、そんな道理を十分に理解していても、求め集めようとする心の蠢《うごめき》はなかなか已《や》むことはありません。

「天童先師《てんどうせんし》に見《まみ》えて、当下《とうげ》に眼横鼻直《がんのうびちょく》なることを認得《にんとく》して人に瞞《まん》せられず、便乃《すなわ》ち空手《くうしゅ》にして郷《きょう》に還《かえ》る」

この言葉は、宋から帰国した道元禅師が弟子たちに説いた一節です。

それは、「とても幸いなことに師である天童禅師に出逢うことができた。そのおかげで、眼は横、鼻は縦にあることを見届けることができた。以来、他のことに惑わされることが無くなった。だから、宋の国から手ぶらで帰ってきたのだ」という宣言でした。

道元禅師の胸にはいつも「生死《しょうじ》の問い」がありました。

かの国の仏具や経本を持ち帰らなかったのは、「生死の問い」の前ではそれらは宝物とならなかったからです。もちろん、その問いに応え得るものならば、どんなものでも携えて帰国されたことでしょう。

道元禅師にとっては、壊れてしまう物や焼けて無くなるような物は宝物ではありませんでした。もっと確かな、何者にも奪われることがなく、決して無くならない、即ち、真実なるものこそが宝物だったのです。

真実なるものの姿を、道元禅師は「眼横鼻直」と表現されています。

眼は横にあり、鼻は真っ直ぐにあるのだ、と。どんなに楽しくても、またどんなに苦しくても、眼横鼻直なるものは不変なのだ、と。

我が身可愛さ故に、身贔屓《みびいき》になることが多々あるお互いです。そんな時には、横にあるべきものを縦にしようとしたり、縦になければならないものをなかったことにしようとしたりと奸計をめぐらすことがなかったでしょうか。

しかし、それでは本当の心の安らぎ、即ち、安心《あんじん》にはならないのです。


「眼横鼻直」なることを見明らめることで、心の揺らぎの波がおさまっていくことでしょう。「眼横鼻直」なることを見定めることで、誰かの言葉に迷わされたり、起こった事柄に引きずられたりはしないでしょう。そして、「眼横鼻直」を生きることで、真実なるものから離れていくことはないでしょう。

だからこその「空手還郷」でした。その手には何も持っていなくても、世界のすべてを呑み込んだ道元禅師がいました。

「生死の問い」をネットで検索すれば、いくつかの解を知ることができます。それを鵜呑みにして、自己完結してしまう人もいるかもしれません。けれども、それでは「眼横鼻直」の風光を目におさめることはできないのです。インスタントな答え、安直で薄っぺらい借り物の答えは、その場限りの心の支えにしかならないからです。

己事究明の道は、「眼横鼻直」を生きることです。

それは、学んだことの成果を競い比べることではありません。誰かの言葉を集めることでもありません。むしろ、「今・ここ」にあるもの、「今・ここ」にもたらされてくるものを素直に受け取る力を育てていくのだと心得ましょう。

道場

人生の最期に映る景色は 美しいものだろうか
「その時」は……ある日の突然の事故なのかもしれない
病んで老いて 自分で自分のことが何一つできなくなってからかもしれない
未練があってもなくても 私の思案とは関係ない
この出入りの息が止まれば 私は死ぬ

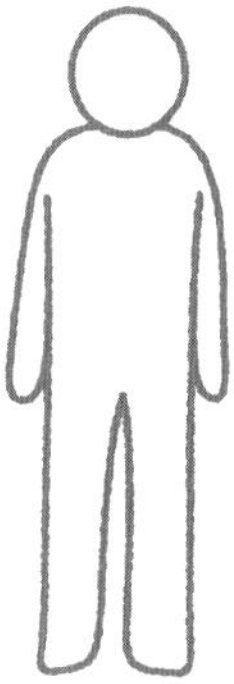

世の中には若くして亡くなる人もいれば、長寿を全うする人もいます。大切な人との死別を何度か経験したならば、人生というものが老少不定であることを身に沁みて感じたはずです。

いつも死は私たちと共にいます。死はこちらの都合に耳を貸してはくれません。どこにいようとも、何をしていようとも、どんな事情があろうとも、「その時」を容赦してくれることはありません。

三〇歳で、小学生の女の子を遺して逝った友がいます。病を告げられてからのおよそ一年間、どれほどに彼は心を掻きむしったことでしょうか。病になった己を憎み、その原因と処方を探しては途方に暮れ、動かなくなっていく身体を恨み嘆きました。そして、彼の願いも家族の祈りも届くことはなく、医師の見立て通りに亡くなりました。彼を看取る者にとって、その現実は容易《たやす》く呑み込めないものでした。

彼は、確かに居なくなりました。彼に電話をかけてもつながりませんし、一緒にお酒を飲むこともできなくなりました。

事故に巻き込まれた登校中の児童、その場に居合わせたという理由だけで見知らぬ者に命を奪われた事件、自然災害、戦争、そして、自死。不条理、理不尽、不合理、説明のつかない出来事、長く生きてきたからこそそれらを多く目にしてきました。きっとあなたもそんな「今・ここ」に挫けるのではなく、「それでも生きていこう」と何度も自分に言い聞かせたことでしょう。

信仰に生きても、早逝される人がいます。神への愛を貫いても、不遇の事故に遭う人がいます。念仏や唱題を唱え続けても、がんを避けることはできません。また、数十年間欠かさずに坐禅を続けたからとて、認知症にならない保証はありません。

つまり、万能の神や仏を崇め奉っても、命のある限り、苦しみがなくなることはありません。けれども、信仰を持つことで、その苦しみは苦しみでなくなるものです。

終末期、ベッドに横たわりながら、人生の悔恨や罪悪感、死の恐怖や悩みに伴う苦痛をスピリチュアルペインといいます。いわば、答えのない苦悩に曝される時間があるというのです。

しかしながら、少しばかり幸いなことに私たちは「生死《しょうじ》の問い」があることを知っています。そして、今、それと対峙する時間が与えられています。


建長五年（西暦一二五三年）、道元禅師は五十四年のご生涯を閉じられます。

その年、道元禅師は京都に住む俗弟子 覚念《かくねん》の居宅に逗留して療養していました。

しかしながら、その効ははかばかしいものではありませんでした。

中秋には「また見んと思いし時の秋だにも今夜の月にねられやはする」という歌を詠まれました。


そんなある日、道元禅師は『妙法蓮華経』「如来神力品《にょらいじんりきほん》」の一節「若《も》しは園中《おんちゅう》に於いても、若しは林中《りんちゅう》に於いても、若しは樹下に於いても、若しは僧坊に於いても、若しは白衣《びゃくえ》の舎にても、若しは殿堂に在っても、若しは山谷曠野《せんこくこうや》にても、是の中に、皆《みなまさ》応に搭《とう》を起《た》てて供養すべし。所以《ゆえ》は何《いか》ん。当《まさ》に知るべし。是の処は即ち是れ道場なり。諸仏此《ここ》に於いて阿耨多羅三藐三菩提《あのくたらさんみゃくさんぼだい》を得、諸仏此に於いて法輪を転じ、諸仏此に於いて般涅槃《はつねはん》したもう」を唱えながら室内を歩かれました。そして、誦《じゅ》し終わると、この文を面前の柱に書き付けたと伝えられています。

もしは、林中においても、もしは樹下においても……というのは、つまりは、どこにおいても、何をしていても、どんな事情があってもという意味です。楽しい時、嬉しい時はもちろん、悲しい時、辛い時も、それがあなたの道場ですよ、ということです。

その道場は、あなたが「生死の問い」と向き合うところです。それは、居心地の良いところではないかもしれません。自分が好んで選んだところでもないかもしれません。しかし、あなたにはその道場をおいて他はないのです。

物事はいつも突然に起こります。想定外の出来事も上手に対処できればいいのですが、取り返しのつかない失策や失態もあるものです。

しかし、してしまったことはなかったことにできません。起きてしまったことは、やり直すことはできないのです。結果、多くのものを手放すことになったとしても、各自の「今・ここ」を背負って生きていくしかありません。

順逆の境いずれにあっても生きる場所はいつも「今・ここ」です。現れた出来事を「今、自分が受け止めなければならないこと」として生きる道があります。だからこそ、全部を失くしてしまったと思い知らされても、それがいかに苦しいものであったとしても、それでも生きていく者でありたいのです。

躓《つまず》いたことは、生きている証しです。

病、離婚、子どもとの死別、倒産、リストラ、再婚、再就職、何事も新たな局面を迎える時には、一からはじまる怖さはつきものです。しかし、何があっても、またそこからはじめていく力も持ち合わせている私たちなのです。

生老病死、喜怒哀楽は人生の風光です。耳を澄ませば、その風や光は健康に生きることが人生の目的ではないこと、人生は長短で測るものではないことを私たちに囁《ささや》いています。

「生死の問い」を持てた悦びを胸に、堂々と歩みを進めていきましょう。

第二章
「そのままの私」がはじめる工夫

～禅のある暮らし～

なによりも大切なことは、「今・ここ」からはじめる勇気です。
たとえズルをしてもサボっても、またその「今・ここ」からはじめていく。
心で心を調える考えを休め、身体から心を調える工夫を続けましょう。

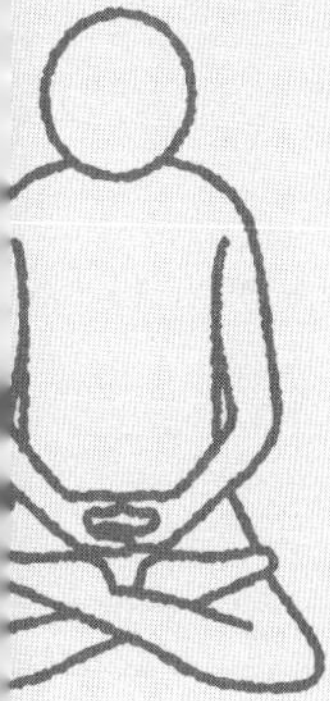

坐禅

お釈迦さまは坐禅の姿でお覚《さと》りになられました。

坐禅に親しんだ先人たちもまた、私たちとまったく同じ姿でもって、一息一息《ひといきひといき》を懸命に行じられました。

私たちはそのように大きな悦びに包まれた一息《ひといき》と共にあるのですから、足が痛くても妄想に押しつぶされそうになっても焦ることはないのです。

坐禅をするとどうなるのか

曹洞宗の模範的な解答をするならば、「坐禅は無所得無所悟《むしょとくむしょご》の佛行であるから、坐禅をしても何にもならない」です。でも、何にもならないと言われては、おそらく坐禅をはじめようとは思いにくいでしょう。

「坐禅をすればどうなるのか」と問われたら、今、私は「坐禅をすれば本当の自分になれる」と応えています。本当の自分とは、何があっても大丈夫な人のことです。自分が自分になるのだから、結局は「何にもならない」とも言えます。

何があっても大丈夫な人になる歩みがある、これを心に留めておきたいのです。

この章では、禅の入り口に立つ「そのままの私」であるあなたに、少しだけ禅の手ほどきをさせていただきます。

坐禅の仕方

曹洞宗では坐蒲を用います。なければ、座布団やクッションで代用してください。服装は締めつけのない、ゆったりとしたものがよいでしょう。なお、極度に疲労している時や睡眠不足の時、空腹時や食後すぐに坐ることは避けてください。

結跏趺坐《けっかふざ》は坐蒲に腰を下ろし、右足を左腿《もも》にのせ、左足を右腿にのせます。これが難しい場合は、左足を右腿の上にのせる半跏趺坐《はんかふざ》をします。その際、下になる右足を坐蒲の方に引き寄せてください。両膝が畳につくように、坐蒲の位置を調整します。両膝とお尻の三点で身体を支えるような姿勢です。

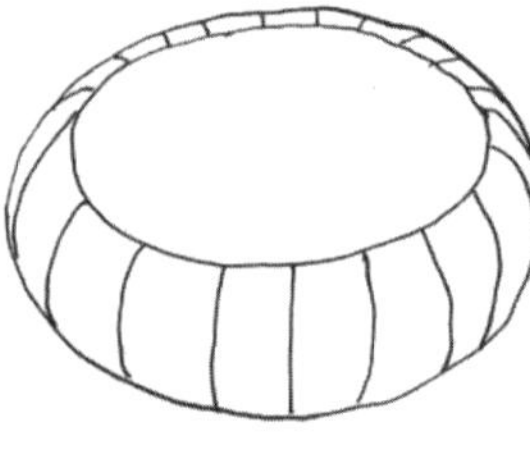

坐蒲

足を組みましたら、身体を真っ直ぐにします。私は握りこぶしにした両手を床につけ、そこからゆっくりと身体を起こしております。そうすると、身体がぴったりと落ち着くところがわかります。

もしくは、後ろに反り返って、ゆっくりと上体を前に起こしてもいいでしょう。こうすることによって、いわゆるへっぴり腰ではない姿が現れます。

手は法界定印《ほっかいじょういん》を結びます。右手の指の上に左手の指が重なるように置き、親指で丸い形を作ります。指先に力はいれません。そして、組み合わせた手を足に置きます。

お腹の出ている人は、法界定印の置きどころに困ることがあります。私の場合、出家するまでは、法界定印の下に

結跏趺坐《けっかふざ》

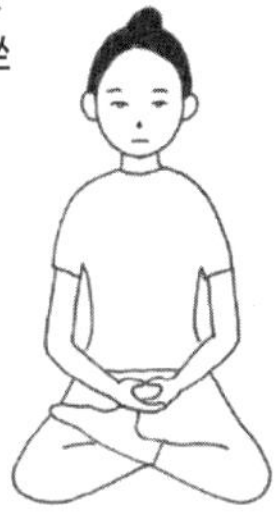

半跏趺坐《はんかふざ》

クッションやタオルを丸めたものを用いて置き所を工夫しました。現在は、衣の袖を法界定印の下に巻き込むことで調整しております。

「親指から眠る」と言われるように、居眠りや考えごとをしていると、あわせた親指が離れたり、丸い形が崩れたりするものです。

そして、後ろ頭で天を衝くような気持ちで、できるだけ身体を真っ直ぐにしましょう。「後ろ頭で天を衝く」がポイントです。そうすれば、おのずと耳と肩とが一直線になります。また、鼻とお臍《へそ》も一直線になります。

坐禅中、目は閉じません。およそ一畳先を見るようなつもりで、

法界定印

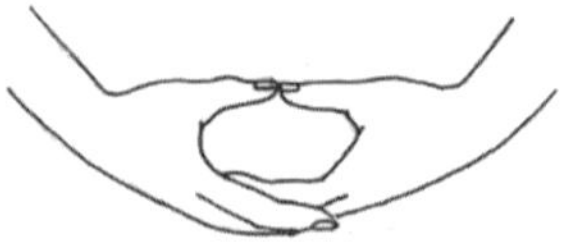

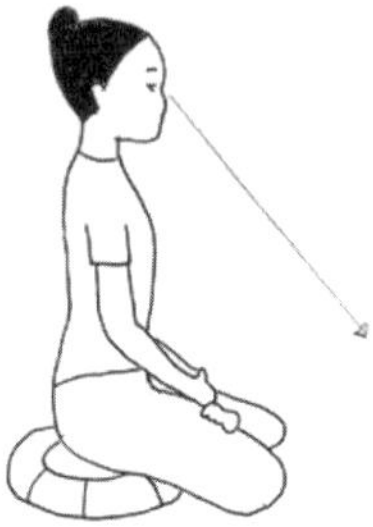

目線を自然に落としてください。決して、そこを見つめていなさいというのではありません。

続いて、欠気一息《かんきいっそく》をいたします。体内にある空気を鼻と口の両方を使って、ゆっくりと吐き出します。数度行いましょう。以後は、鼻のみの呼吸となります。口は閉じてください。舌先を上の歯の裏側と歯茎の境目あたりにつけると、自然と歯が噛み合います。

坐禅のはじまりに、左右揺振をします。法界定印のまま、腰のあたりから左右に身体を揺らします。はじめは大きく、少しずつ振幅を小さくして身体の中心を定めます。

坐禅を終える時は、左右揺振をしてから、静かに立ち上がりましょう。坐禅のはじまりに行う左右揺振は、

左右揺振

はじめは大きく徐々に小さくしましたが、坐禅の終わりは逆になります。つまり、はじめは小さく、だんだん大きく左右に身を揺すってください。そして、静かに立ち上がりましょう。

最後に、坐蒲の形を調えましょう。坐蒲を立て、回転させながら丸い形に戻します。座布団やクッションの場合は、形を元に整えます。

呼吸

坐禅で大切なことは呼吸です。ですが、呼吸にばかり気を取られてはなりません。なぜならば、今のあなたの呼吸も、「吐くこと吸うこと」を特段に意識しなくても、呼吸を続けることができているからです。まず、できるだけ身体を真っ直ぐにすること。身体を真っ直ぐにすることで、おのずと深い呼吸ができてきます。

丹田呼吸という言葉を用いたり、吐く息を何秒以上にすることを心掛けたり、また、下腹に思いきり力を込めたりするような指導方法もありますが、呼吸法はあなたの工夫のなかで自然と確立されていくものです。呼吸をセルフコントロールしようと考えず、身体を真っ直ぐにすることからはじめましょう。

数息観《すうそくかん》

数息観とは、心のなかで呼吸を数える方法です。息を吐く時に、心の眼で追いかけるつもりで「ひとぉーつ」と数えます。そしておもむろに吸いこんで、吐く時にまた「ふたぁーつ」。そして、三つ、四つ……と数えて、十に至ったらまた一に返る。十三、十四、十五……と数えてはいけません。惰性で息を数えないために、十に至れば一に返る。そのサイクルを繰り返します。

もし、息を数えるのを忘れたとしても、他の思いを追っている自分に気づいたとしても、その時は潔く一からはじめることです。「しまった」と思うことさえも必要ありません。ただ、潔く一に取って返すこと。そして再び、一つ、二つ……と続けてゆくことです。

心得

坐禅は考えごとをする時間ではありません。

坐禅中、様々な思いが浮かんできたならば、その思いを追わないでください。つかまない、持たない、引きずらない。何が起きても、また、何も起きなくても、相手にしない、邪魔にもしない。できるだけ身体を真っ直ぐにして、一息一息《ひといきひといき》を丁寧に行いましょう。

浮かんでくる思いが悪いのではありません。浮かんでくる思いをつないで思考化しないことです。浮かんできた思いを膨らませてはなりません。思いを膨らませると、それが妄想になります。

なお、「相手にしない・邪魔にしない」から、無念無想という言葉を連想しないでください。無念無想という言葉を誤解して、坐禅中は何も考えない、何もしないと思う人も多いようです。いわば、石や木のような無機質な状態が無念無想だ、と。しかし、石や木には幸せを感じることも噛みしめることもできないでしょう。私たちの坐禅は、そんな石や木になるためのものではありません。念は起こるものです。けれどもそれを「相手にしない・邪魔にしない」と数息観になりきっていくことです。

実際に坐ってみると、他愛ないことを追いかけたり、切実な問題を思い起こしたりして難しいと感じるかもしれません。私も随分とそうでした。

しかしながら、坐り続けていく工夫が、あなたを真実なるものへと導いてくれます。

坐る時間

曹洞宗では一回の時間を線香一本燃え尽きる時間とし（四十分程度）、「一炷《いっちゅう》」といいます。ですが、はじめのうちは五分でも十分でもかまいません。まず、坐ることが大切です。

しばらくの間は足が痛かったり腰がつらかったり、また抱えている問題が頭から離れず、そのことばかりを追いかけてしまう自分がいるかもしれません。

そんな自分が嫌になり、「坐禅は難しい」と思うかもしれませんが、それでもいいのです。でも、それだけで終わらせてはもったいない。

手を組み、足を組むその時間、あなたにはどこにも逃げ場はありません。足が痛かろうと、腰がつらかろうと、抱えている問題がどれだけ切実だろうとも、それは今のあなたが避けて通ることができないものなのです。

しかし、どこにも逃げ場がないと覚悟することで、それを喜びに変える力が現れてきます。

結跏趺坐《けっかふざ》ができない時

結跏趺坐を試みて「自分には無理だ」と挫折してしまう人も多いようです。柔軟性や体型によってはかなりハードルが高いかもしれません。足は組めても、すぐに痛くなって続かない人もいます。

坐禅に出逢った頃の私もそうでした。身体が固いうえに、とても太っておりましたので、結跏趺坐ができるまでかなりの時間が必要でした。また、一炷《いっちゅう》の間に何度も何度も足を組み変え、足腰の痛さにいつも泣きそうになりながら坐っていた時期もあります。

坐禅の前に体操（後の項で真向法を紹介します）をしたり、足の痛いところにタオルを挟んだり、テーピングをしたりしましたが、根本的な解決には至りませんでした。やはり、食事の量を減らしたり、身体を柔らかくする体操をしたりすることで、坐禅をしやすい身体作りが必要でしょう。

ただし、結跏趺坐の姿を追うことが坐禅ではありません。

調身《ちょうしん》　調息《ちょうそく》　調心《ちょうしん》

調身《ちょうしん》とは身を調えること、調息《ちょうそく》とは呼吸を調えること、調心《ちょうしん》とは心を調えることを意味します。しかしながら私は、身と息と心を三つに分けて考えないほうがよいと思います。なぜならば、身体が調えば、自然と深い呼吸になり、呼吸が深くなれば、心もおのずと調うからです。だからこそ、できるだけ身体を真っ直ぐにすることが、とても大切なのです。

道元禅師は身心脱落や身心一如という言葉のように、「心」の前に「身」を置いておられます。ですから、身を以《も》って心を調えていく道があるのです。

また、身体を真っ直ぐにするとは、坐禅の時だけに注意することではありません。身体を調える意識が、生活そのものに調身を心掛けるようになっていくことでしょう。

身体を真っ直ぐにして坐禅をし、身体を真っ直ぐにして食事をし、身体を真っ直ぐにして歩く。つまり、身体を真っ直ぐにして生きる。これが調身であり、調息であり、調心となるのです。

心が調うこと

あなたの心を苦しめているものは何でしょうか。

不安にさせているものは何でしょうか。

それは、あなたです。あなた自身です。まず、そこに気づきましょう。

私たちの心はコロコロと動き、移り変わります。そしてその心は、やがて、二つの結果に引きずられてしまうことが多いようです。二つとは、良いか悪いか、勝った負けた、損した得した、好きか嫌いかという相対の世界、即ち、対立の世界です。

心の中で作り出した対立の世界で、私たちは悩み苦しんでいないでしょうか。また、その対立の世界こそがすべてであると、思い込んでいないでしょうか。心を調えるとはその対立の世界に気づき、そこから離れることです。


注意していただきたいことは、「心が調う」とは、整理整頓の「整う」ではないことです。つまり、不安や疑問などに対して、一つひとつにそれを解消するような回答を与えていくことではないのです。「心が調う」とは、抱いた問いがたとえ解のないものであったとしても、それでも持ち続けて生きる勇気を養うことです。

坐禅会

慣れないうちは、禅の指導者のもとで坐ることがとても大切です。自己流では行き詰まりますし、独りよがりの考えに陥り易いものだからです。それに、志を同じくする仲間がいることは楽しいものです。

坐禅に惹かれる理由は様々あるでしょう。ただし、忘れないでほしいことは、坐禅に惹かれたご縁というものを大切にしていただきたいのです。今はまだ、はっきりそうだとは頷けないかもしれませんが、私たちはいのちの根源において、一時的な癒しではなく、安心《あんじん》、即ち、本当の心の安らぎや真実なるものを求めずにいられないものなのです。坐禅に惹かれたのは、坐禅に導かれているからなのです。あなたが、善知識《ぜんちしき》と巡り逢うことを切に祈念いたします。

坐禅の力

申すまでもなく、坐禅をすることで幸せなことばかりが起こるようになる魔法を手にしたのではありません。坐禅の力とは、どんなことがあってもそれでも歩み続ける力、生き続ける力だと思うのです。

『正法眼蔵随聞記』に「坐禅の力」という言葉があります。

示に云く、学道の最要は坐禅これ第一なり。大宋の人、多く得道《とくどう》すること、みな坐禅の力なり。一文不通にて無才愚鈍の人も、坐禅を専《もっぱ》らにすれば、多年の久学聡明の人にも勝すぐれて出来《しゅつらい》する。然れば学人、祇管打坐《しかんだざ》して他を管することなかれ。仏祖の道《どう》はただ坐禅なり。他事に順ずべからず。

【意訳】

ある日、道元禅師は示されました。修行するうえでもっとも重要なことは坐禅をすることです。坐禅が第一であるのです。宋の国には真実なるものに親しい人がたくさんいますが、その境涯は坐禅の力によって得られたのです。たとえばお経を一言も知らない人、才能がなく愚かで鈍い者だと思っている人、そんな人でも坐禅を専らにすれば、長年仏教を学んできた聡明な人よりも勝れた人となることもあるのです。いろんな修行法がありますが余所見《よそみ》をしないで、ただ坐禅をしなさい。お釈迦さまの歩まれた道を慕うならば、ただ坐禅をしていくのです。

一読すれば、坐禅だけをすればいいと受け止めてしまいがちですが、実はそうであって、そうでないのです。まして闇雲に坐ればいい、というわけではありません。

心に留めおきたいことは、坐禅をしている時だけが本番であり、それ以外の時間は何をしてもよいという考えでは坐禅の力を知ることはできないでしょう。

つまり、坐禅に親しむことによって、パソコンで作業をすることも、お客さんに「いらっしゃいませ」と挨拶することも、友人とのランチの時間も、孫とお茶を飲む時も、つまり、私たちの一挙手一投足が坐禅となることを心得ておきたいのです。

その結果、生活が調い、あなたの周囲までもが調っていく。
それが坐禅の力なのだ、と。

利鈍賢愚《りどんけんぐ》を論ぜず、坐禅すれば自然《じねん》に好くなるなり

『正法眼蔵随聞記』

一息《ひといき》の禅

お寺に行って坐禅をしたり、毎日定めた時間三〇分なり四〇分なりを坐ったりすることが望ましいのですが、やはり最初からは難しいでしょう。また、禅宗のお寺のすべてが坐禅会を開催しているのではありません。

時間を定めて坐るにはお仕事もあるでしょうし、お付き合いもあるでしょう。しかし、「一息の禅」ならばどこにいても、何をしていてもできます。時間もわずか一息です。

まず一番楽な姿勢を取ってください。椅子でもいい、正座でもいいし、あぐらでもいい。足は組まなくていい。そして、手も楽にしてください。

とにかく一番楽な姿勢で……身体を真っ直ぐにしてください。「後ろ頭で天を衝く」つもりで、身体を真っ直ぐにしてください。

そうすれば自然と耳と肩が一直線になり、鼻とお臍《へそ》とが一直線になります。そうして、坐禅と同じ要領で鼻と口を両方使ってゆっくりと息を吐き出します。

息を吐き出したら、口は閉じる。そうすれば、自然と息が入ってきます。その入ってきた息を、お臍の下あたりにグッと落とし、そこからゆっくりと吐き出す。

これだけです。これが、「一息の禅」です。


この「一息の禅」ならば、たとえば、朝起きてパジャマのままベッドに腰掛けてもできるし、朝ご飯をいただく前、通勤の電車の中で立ったままでもできるでしょう。仕事に取り掛かる時、会議の前、営業の車の中、どこにいても何をしていてもできます。上手くなってくると、歩きながらでもできてきます。

坐禅とは、身体を以《もっ》って心を調える方法です。心で心は調えることができないと覚悟した姿なのです。

「不安に思う心」と「不安を取り除こうとする心」、「苦しいと思う心」と「苦しさから逃れたい」と思う心、それらは実はすべて同じ心です。だから、心で心を調えるというのはとても難しい。自分に何度言い聞かせても、心がコロコロと転がってしまう。

心で心にアプローチするだけではなくて、身体から心にアプローチしていくのです。つまり、身体を真っ直ぐにすれば、おのずから深い呼吸ができてきます。それに応じて心が調うのです。


坐禅のハードルが高いならば、この「一息の禅」からはじめてみてください。そこから必ず、本式に坐禅をしてみようかという思いや、師を求める思いも育ってきます。

椅子を用いた禅

身体が硬くて、膝が痛くて、坐禅は難しいという方は椅子を用いた禅からはじめてみてはいかがでしょうか。

腰のすわりが安定するものが理想の椅子です。坐った時に、太ももが床に対してほぼ平行になれば疲れにくいでしょう。
注意すべき点は、椅子に深く腰掛けないことです。そして、両足を肩幅に開いてください。足の裏を宙に浮かせずに、しっかりと床につけましょう。

あとは、坐禅と同じ要領です。後ろ頭で天を衝くようなつもりで、身体を真っ直ぐにしましょう。そして、手は法界定印です。欠気一息、左右揺振して数息観。終わる時には、また左右揺振して、ゆっくりと立ち上がりましょう。

椅子を用いた坐禅であっても、様々なことが浮かんで来たり、眠くなったりもしたでしょう。また、あれこれと考える時間になったかもしれません。

でもきっと、そのような時間が、今のあなたには必要だったのです。その時間を使うことで、その時間分だけの思いを手放すことができたはずだからです。

椅子を用いた禅

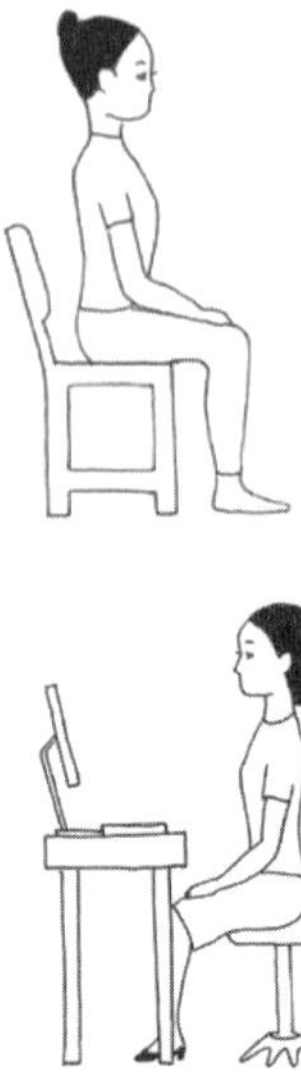

坐禅をしたからとて、劇的に変わることはありません。しかし、坐る時間、坐る場を持つことで、それが帰る場所となり、それがはじまりの場所になるものです。

オフィスで仕事をはじめる前、会議の議案が煮詰まらない時、電車やタクシーの中、公園のベンチやカフェなどで、ほんの数分でも身体を真っ直ぐにするように坐り方を工夫してみましょう。

仰臥での禅

坐禅というのは健康体の人のためだけにあるのではありません。病を得た時、怪我で動けない時には、仰臥での禅があることを覚えておきましょう。もちろん、朝の起きがけや就寝前にしてもいいでしょう。
坐禅堂で坐ることだけが坐禅ではなく、行住坐臥にわたって工夫していくことができるのだと心得ておきましょう。

身体を締めつけないような楽な服装で、ゆったりと仰向けになりましょう。
足は軽く開いて、手は自然と両脇に垂らすか、お臍《へそ》の上にのせるようにしてください。

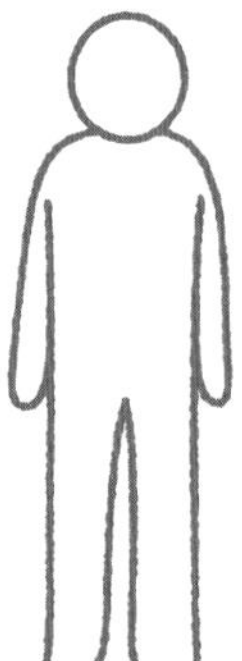

仰臥での禅

目は閉じません。真上を見ることなく、坐禅と同じ要領で目線を落とします。欠気一息のあと、数息観をいたしましょう。

時間を気にすることはありませんし、眠くなったらそのまま眠ってしまいましょう。

臨済宗の中興の祖とされる白隠禅師の著述の一つに、『夜船《やせん》閑話《かんわ》』『遠羅天釜《おらてがま》』というものがあります。ここには白隠禅師が坐禅修行で陥った「禅病」を克服した方法、内観の法と軟酥《なんそ》の法や動中の工夫が説かれています。

時節が至れば、手に取っていただきたいものです。

禅による喪の作業

この世には、悲しみの深さを味わうことなしには学べないものがあります。

深い悲しみの底で、今まで積み重ねてきたことがまったく無力であったと知る日が訪れることもあります。拭《ぬぐ》いきれない思い、絶えざる悲嘆を抱えている人にこそ、「禅による喪の作業」があることを知ってほしいと願います。


坐相は坐禅と同じです。

足は組んでも組まなくてもいいですし、椅子でもかまいません。後ろ頭で天を衝くようなつもりで、身体を真っ直ぐにします。手を法界定印にします。

欠気一息、左右揺振をし坐禅をはじめましょう。
坐禅の時は、浮かんできた思いを相手にしない、邪魔にしない、追いかけない、引きずらない、持たない、つかまないとお伝えしましたが、禅による喪の作業ではあまりに悲しい時や辛い時には、思いを追ってもいいでしょう。いえ、思いを追わずにいられない時は、逆らわないことも必要です。

最後は手をあわせ、この坐禅の功徳を○○様に回向しますと念じます。

瑩山《けいざん》禅師は、『坐禅用心記』において、「若し昏沈《こんちん》する時は心を髪際眉間《はっさいみけん》に安ず。若し散乱する時は心を鼻端丹田に安ず」と示されます。即ち、心が沈んでしまう時には、その心を髪際か眉間に

喪の作業

置き、また、心が乱れてしまう時には、その心を鼻の先か丹田に置きなさい、と。

故人の思いを追うなかで、自らの心を持て余すようならば、禅による喪の作業を終わりましょう。


道元禅師は『正法眼蔵』「弁道話」巻で「しるべし、たとい十方無量恒河沙数《じっぽうむりょうごうがしゃすう》の諸仏、ともにちからをはげまして、仏智慧《ぶっちえ》をもて、一人坐禅の功徳をはかりしりきわめんとすというとも、あえてほとりをうることあらじ」と示されます。即ち、多くの仏さまの力をもってしても、坐禅の功徳を計り知ることはできないのだ、と。

それほどまでに坐禅には大きな功徳があるのです。

どうぞ大切な方に届けて差しあげましょう。

五《ご》観《かん》の偈《げ》

We are what we eat. ——人間を形づくるのは食である、というほど食は大切なものです。食べたものは私自身となり、また、食べ方は生き方であるとも言えます。

禅の道場での食事は応量器《おうりょうき》を展《ひろ》げ、坐禅をしながら食事をいただきます。応量器の最も大きな器はお釈迦さまの頂骨だと伝えられ、頭鉢《ずはつ》と呼ばれます。ですから、頭鉢には直接口をつけることはしませんし、特に丁寧に扱います。

応量器

応量器は同じ大きさですが、器に入る量をいただくのではなく、自分の身体に応じたものを頂戴《ちょうだい》します。美味しいからとて食べ過ぎることはなく、苦手なものだからとて嫌うことはないのです。そして、命をいただき我が命を養う時間は静謐《せいひつ》であり、厳格な作法が定められております。

手甲脚絆《てっこうきゃはん》に網代笠《あじろがさ》。手には錫杖《しゃくじょう》や鈴を持つ衣姿で托鉢《たくはつ》をする僧侶を目にしたことはありませんか。その時、浄財をいただく器が頭鉢です。

托鉢というのは、すべてを頂戴していく行です。選べないし、選ばない。思い通りにならなかったことも、涙が枯れ果ててしまうような状況も、我が修行の糧として、我が人生の力として、すべてをいただいていく。つまり、応量器を持つ者はすべてを潔くいただいて生きていくのです。

なお、誤解のないように申しておきますが、すべてを頂戴するというのは、いわれのない差別や社会の不条理などを黙って受け入れなさいと申しているのではありません。まずしっかりと事実を受け止めることが、より良い方向に進む礎になると心得ておきたいものです。

今ではテレビ番組の影響で、人前で食べる姿をさらすことは恥ずかしいことではなくなりました。

立ったまま口にしたり、頬張ったまま話そうとしたり、「美味しい」を「やばい」と表現したり、箸の用い方、器の扱い方や置き方、何もかもが自由になった感があります。

また、いくら食育を喧伝《けんでん》したとしても、栄養価という効率ばかりを追いかけてしまうのならば、食事は腹を満たすだけのものとなってしまうでしょう。

喫食の前に唱える偈文の一つに、「五観《ごかん》の偈《げ》」があります。

一つには、功の多少を計《はか》り、彼《か》の来処《らいしょ》を量《はか》る
二つには、己が徳行の全欠《ぜんけつ》を忖《はか》って供《く》に応ず
三つには、心を防ぎ過《とが》を離るることは貪等《とんとう》を宗《しゅう》とす

四つには、正に良薬《りょうやく》を事《こと》とするは形枯《ぎょうこ》を療せんが為なり
五つには、成道の為の故に今この食《じき》を受く

【意訳】

一、いかに多くの人々の手数や苦労があったかを考え、感謝していただきます。
二、食事をいただくに値するほどの正しい行いをしているのか、反省していただきます。
三、貪《むさぼ》り瞋《いか》り愚《おろ》かさから離れようとする修行の心を忘れずにいただきます。
四、身と心とを癒やす良薬であるという正しい目的を忘れずにいただきます。
五、お釈迦さまが歩まれた道を歩むという理想を忘れずにいただきます。

もちろん、普段の食卓に応量器の作法や偈文を持ち込むことはありませんが、命をいただく意味と意義を心得ておきたいものです。

また、共食《きょうしょく》や直会《なおらい》、陰膳《かげぜん》という言葉があるように、誰かと食事の時間を共にすることはよほどのご縁なのだと弁《わきま》えておきましょう。

写経

本格的にはじめるならば、写経のお手本、写経用紙、墨、硯《すずり》、筆などを用意して取り組んでもいいでしょう。写経セットという形で販売されています。また、ノートやボールペンなどを用いて写経するのもいいでしょう。

写経は書道ではありません。写経は仏さまの説かれた教えを一字一字書き写す行です。

経典を一字一字書き写すということは、とりもなおさず経典そのものに説かれた教えを自分のものにし、一体になることです。

『般若心経』を写書するのが一般的ですが、はじめは『延命十句観音経』に取り組まれてはいかがでしょうか。短い時間で書けるので、生活に取り入れやすいでしょう。もし、どなたかのご供養のために写経なさるのならば『舎利礼文』がいいでしょう。

留意すべきことは字の上手下手ではなく、一字一句、一点一画に打ち込むことです。あなたの書き写す文字一つひとつが仏さまなのだと心得て取り組みましょう。

なお、書き終えたものは近くのお寺に納めてください。

テレビやラジオなどを消して、できるだけ静かな環境で取り組みましょう。椅子に座って写書してもいいですし、自分の好きなお香、アロマを焚くのもいいでしょう。

坐禅と同じように身体を真っ直ぐにし、呼吸を調え、合掌。

静かに筆を執《と》り、経題から書きはじめます。

丁寧に書写しましょう。もし字を間違えた時は誤字の右横に点を打ち、同じ行の上下いずれかの余白に、正しい字を書きます。脱字の時は、その箇所（文字と文字の間）の右に点を打ち、行の末尾にその文字を書きます。

日付は本文から一行あけ、はじめの一字分を下げて書きます。

終わりに願目があれば記します。願目とは、お願いごとのことです。たとえば、「家内安全」「心願成就」「善星皆来」「事業興隆」などがありますし、ご供養のためにならば「為〇〇〇〇（戒名もしくは俗名）菩提」と記しましょう。もし、写経そのものが目的の場合は記さなくてもよいでしょう。

氏名を記入し、末尾に「浄写」もしくは「謹写」と記し、合掌をして終わります。

また、あなたが信仰する諸仏諸菩薩の真言を写経したり、円相を書いたりすることもよいでしょう。

真言とはその諸仏諸菩薩を讃え、その徳を我が身と一つにする言葉です。たとえば、地蔵菩薩の真言は「唵訶訶迦毘三摩曳娑婆訶おんかーかーかびさんまーえいそわか」です。慣れてくれば梵字を試みてもいいでしょう。

延命十句観音経

観世音　南無佛
与佛有因　与佛有縁
佛法僧縁　常楽我浄
朝念観世音　暮念観世音
念念従心起　念念不離心

【意訳】

お観音さま私は一心に手をあわせます。
あなたと深いご縁のある私です。
そのお姿とみ教えとあなたにご縁ある人々を
敬い
儚く苦しみの多いこの世にあっても
清浄なる慈悲の世界があることを信じます。
身贔屓《みびいき》な心を戒めて
朝にお観音さまを拝みます。
夕べにお観音さまを念じます。
私はあなたの心を我が心としたいのです。

舎利礼文

一心頂礼　万徳円満　釈迦如来
真身舎利　本地法身　法界塔婆
我等礼敬　為我現身　入我我入
佛加持故　我証菩提　以佛神力
利益衆生　発菩提心　修菩薩行
同入円寂　平等大智　今将頂礼

【意訳】


お釈迦さまの人生に、み教えに、私は一心に礼拝いたします。

お釈迦さまに憧れ、お釈迦さまのものの見方を学ぶ時、私の傍にはお釈迦さまがいらっしゃるのです。いえ、私自身がお釈迦さまとして、お釈迦さまの歩まれた道を歩むことができるのです。

現れた出来事を我が人生の糧として受け止めていくならば、どこまでもその歩みを深めていけるでしょう。

日々、この心を忘れず、礼拝して参ります。

円相とは真実なるものの姿です。

円は欠けることも、余すところもない完全な円満であり、はじまりもなければ終わりもない無限の世界です。実際に円相を書いてみればおわかりのように、円を描くにも修練が必要です。円相は「円窓」ともいい、「己の心を映す窓」という意味があります。あなたの描く円が、あなたの心を現しているのです。

真言や円相を書くことから、何があってもあなたを許してくれる「護持仏《ごじぶつ》」を持つご縁にまで至ることを願っております。

真向法

半跏趺坐も組めない頃、「身体が硬いのは頭が固いからだ」という言葉と共に教えられたのが真向法でした。佛国寺では暁天坐禅のあと、真向法や自彊術《じきょうじゅつ》を皆で行っていました。

真向法には四つの操法がありますが、私はどれも満足にはできませんでした。しかし、真向法を続けていくうちに結跏趺坐も組めるようになり、坐禅中の足の痛みにも適応できるようになったのです。

【真向法の四つの動作】（参考：公益社団法人真向法協会パンフレット「真向法」）

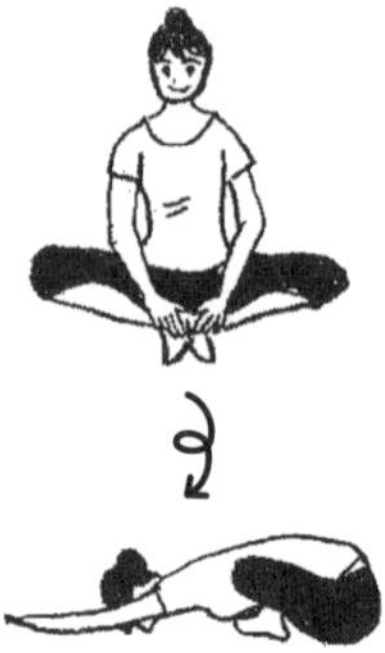

第一動作

①両かかとをそろえて、足の裏を上に向ける。ひざをできるだけ床に近づける。あごを引き、背すじを伸ばして前方を見つめる。

②上体を真っ直ぐにしたまま、上半身を静かに前に傾ける。

静かに息を吐きながら①②を 10 回ほど反復屈伸する。

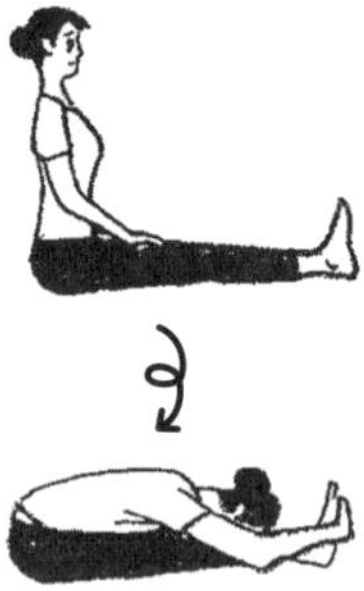

第二動作

①ひざを曲げずに脚を揃えて前に出し、上半身と下半身を正確に直角にしてＬ字型をつくる。
足首に力を入れ鋭角に立てる。

②上半身を伸ばしたまま静かに前に傾けて体を二つ折にする。

静かに息を吐きながら①②を 10 回ほど反復屈伸する。

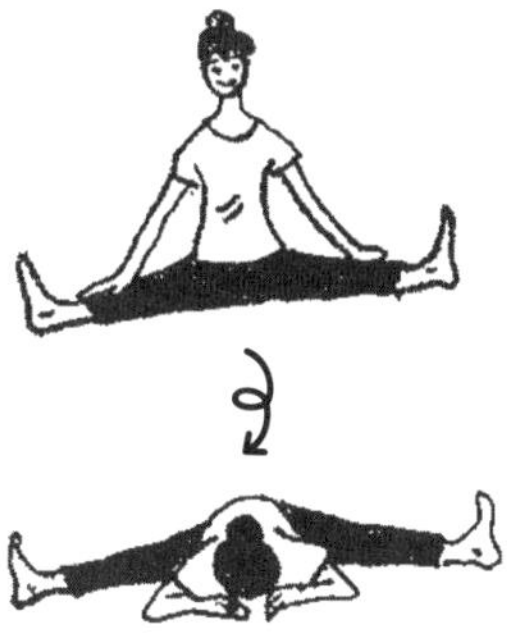

第三動作

①第二動作で揃えていた両脚をできるだけ開く。ひざは真っ直ぐ伸ばし、足首を立て上半身も立てる。

②脚は開いたまま第二動作の要領で上半身を前に傾ける。

静かに息を吐きながら①②を10回ほど反復屈伸する。

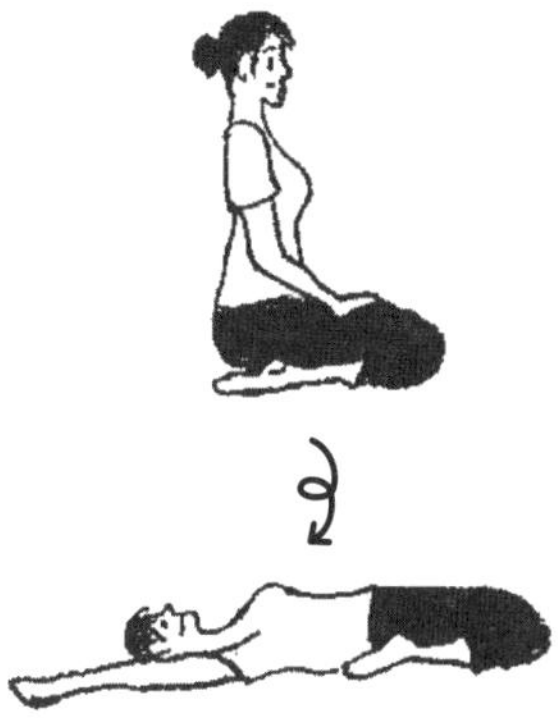

第四動作

①両脚を尻の幅に開き、そこに尻を落として割座にする。尻の落ちない人は座布団を二つ折にして尻の下に敷き、だんだん薄くしていく。

②手を後ろにつきながら上半身を静かに後ろに倒す。床につかない場合は座布団を重ねてその上に倒れる。

30 秒～ 1 分間程度全身の力を抜いて呼吸を整える。
反復はなく、これで終了。

真向法の創始者長井津《わたる》先生は、福井県の勝鬘寺《しょうまんじ》で生まれました。実業の道を歩まれたそうですが、四十二歳の時に脳卒中で倒れてしまいます。そんな折、『勝鬘経』を手にしました。そして、そこに書かれていた礼拝をしようとしたところ、できませんでした。身体が硬化しきっていたのです。以来、礼拝をするための体操をはじめたことが、真向法の原点になったそうです。

日常的に体を動かしていない人や、年齢や体型、膝や腰の状態などにより、難しい部分もあると思います。特に第四動作については、慣れないうちに一人で行うのは危険なので、このページだけを見て挑戦しないようにしてください。

真向法体操は、公益社団法人真向法協会のホームページに動画があります。また、各地で教室も開いているので、興味がある方は問い合わせてください。

作務

禅の道場には作務の時間があります。
作務とは掃除や片付け、掃き掃除や庭の草取りなどはもちろん、大根作務では大根を干したりお漬物にしたりすることや、発送作務といって書類を折ったり切手を貼ったりすることなどもあります。道場によっては畑での作務、薪割り作務などもあります。

「一日不作一日不食」

即ち、一日作《な》さざれば一日食《く》らわず。百丈懐海《ひゃくじょうえかい》禅師の言葉です。

ご高齢になっても、百丈禅師は畑作務をしていました。

弟子たちは師の身体を案じて「作務をやめてください」と申し入れます。しかし、禅師は聞き入れることなく、作務を続けられました。

そこで、弟子たちは禅師が作務をしないようにと必要な道具を隠してしまいます。

そうなると、禅師は作務をしようにもできません。その日から、禅師は食事をとらなくなりました。それが三日も続いたので、弟子たちは禅師に「なぜ食事を召し上がっていただけないのですか」と尋ねました。

その時に応えた言葉が、「一日作さざれば一日食らわず」です。

弟子たちは禅師に非を詫び、道具を返しました。禅師は作務に出かけ、いつものように食事をしたということです。


「一日作さざれば一日食らわず」は、一日仕事をしなければ、稼ぎが無ければ、その一日は食べてはいけないという意味ではありません。「働かざる者食うべからず」という意味ではないのです。

道具を隠された百丈禅師が食事をとらなかったのは、自らの「今・ここ」を、なすべきことを務めることができなかった悔悟の念と、それ故に食事をいただくには値しないという覚悟の表出でした。そして、弟子を教え導くという使命があったからなのです。


またある日、修行僧が百丈禅師に問いました。

「草を斬り、木を伐り、地を掘り、土を墾《たがや》す、罪の報いの相ありとせんや」

つまり、私は作務の時に罪深いことをしているのではないのでしょうか。たとえば、草や木の命を奪っているのではないでしょうか。また、そこに住んでいた虫たちの命を傷つけてしまっているのではないのでしょうか、と。

禅師は応えられました。

「かならず罪ありと言うを得ず、またかならず罪なしと言うを得ず。罪在りと罪なしとのことは、当人にあり」

即ち、罪深いことをしているのか否かは、あなたがどんな願いをもっているかによるのだよ、と。

作務とは、己の務めを作《な》すことです。なすべきことを、願いをもって懸命になす。願いとは、真実なるものに親しく生きようとすることです。そんな作務の視点を取り入れることによって、あなたの職場、家庭、生活が修行道場になることでしょう。

最後に、すべてに言えることですが身体を真っ直ぐにすることを大事にしましょう。身体を真っ直ぐにして坐り、立ち、歩き、食事をする。楽しい時や嬉しい時はもちろん、苦しい時も悲しい時も身体を真っ直ぐにしようとする気持ちを忘れないことです。

仏教は、仏の教えと書きます。それはお釈迦さまのものの見方を学ぶことです。慌ただしい生活にあって、一週間に一回、一か月に一回でも時間を作ることです。坐禅、食事、写経、真向法を通じて、お釈迦さまのものの見方に触れる機会を持つことが大切なのです。
それはパソコンやスマホからの解放の時でもあります。そして、頭のなかのおしゃべりをやめることでもあります。

自分ばかりを見て、前のめりに生きるのではなく足元を見つめてみましょう。
重心を足元に置いて、着実な一歩を進めてまいりましょう。

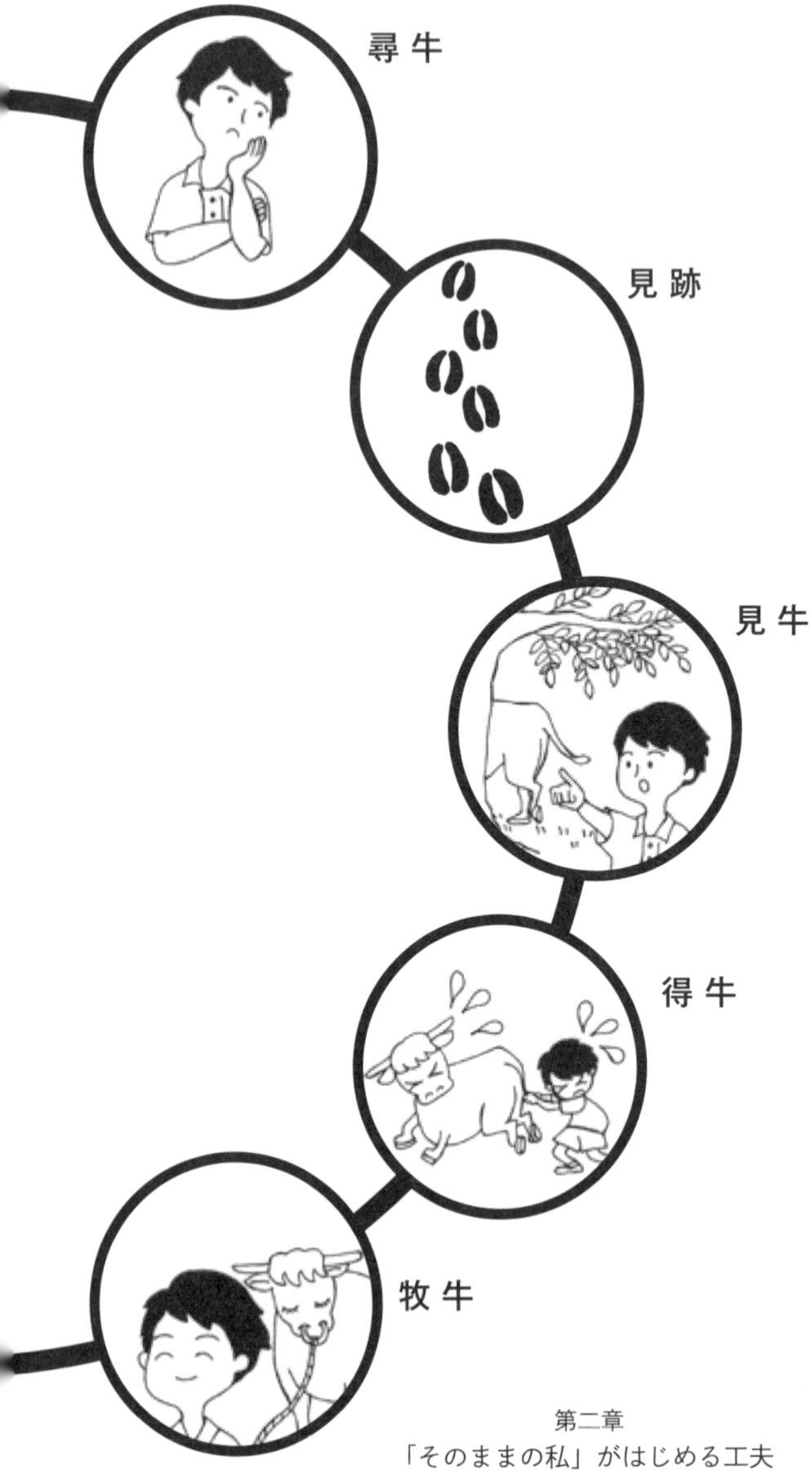
尋牛
見跡
見牛
得牛
牧牛

十牛図

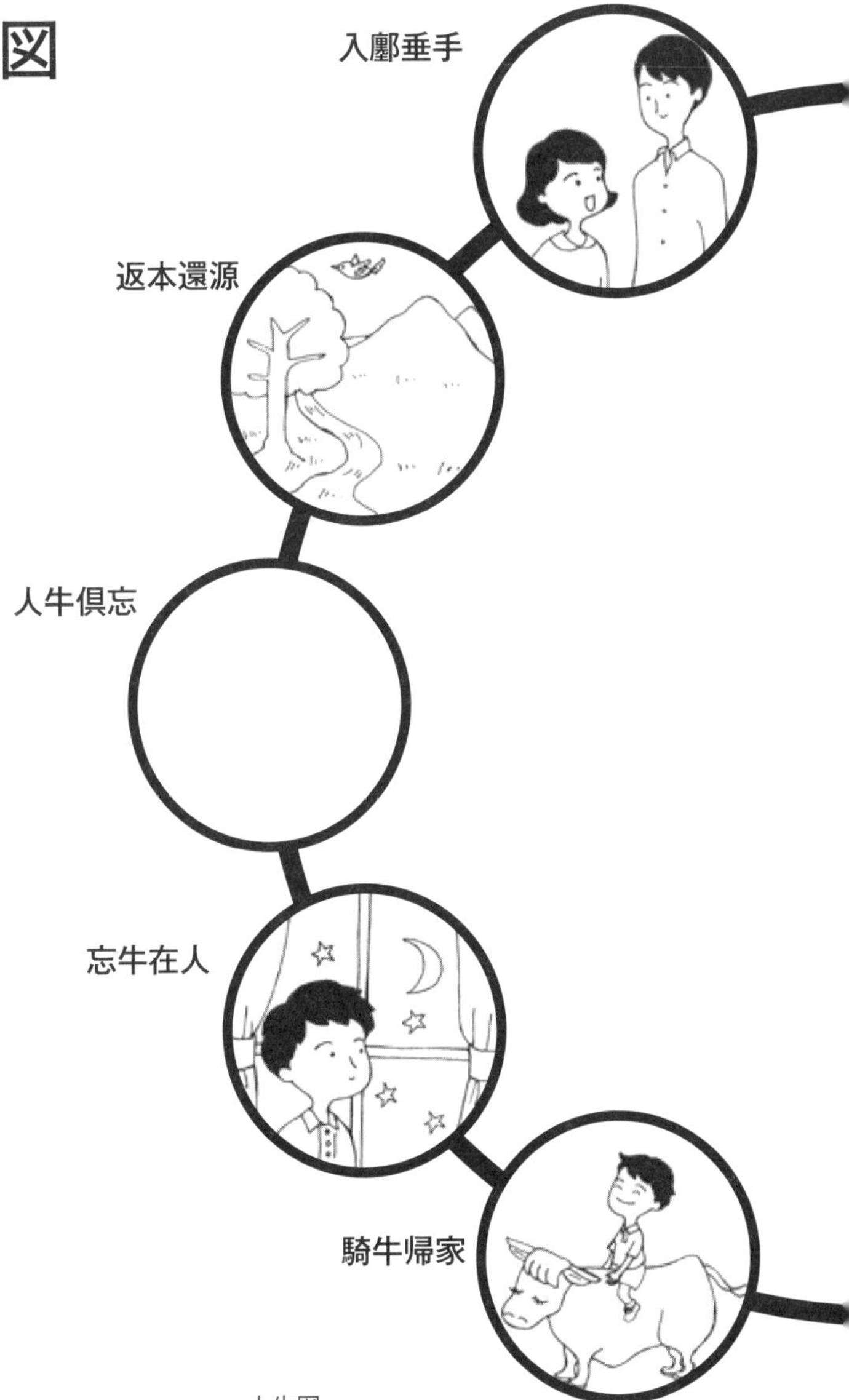

十牛図《じゅうぎゅうず》

人生に真実なるものがあると知り、それを求め、気づき、体現化していく過程が「十牛図」には描かれています。

十枚の絵は悟りへの道筋であり、悟後の修行であり、「今・ここ」で生きている命の確認です。そして、人は悟りというものを手にした時、特別な人になるのではなく自由になるのだ、と示しています。

一、尋牛《じんぎゅう》

人生には、「生死の問い」があることを知る時節が訪れます。

そして、真実なるものを求めずにはいられなくなります。

二、見跡《けんせき》

暗中模索のなか、ようやく一条の光を見つけることができました。
その光は、先人たちが歩まれた道を照らしています。

三、見牛《けんぎゅう》

その足跡を辿《たど》っていくと、牛のお尻が見えました。
それは不思議と懐かしく、牛は自分と離れた存在ではないことに気づきました。

四、得牛《とくぎゅう》

牛を捕らえます。

捕まえてみれば、牛とは自分自身のことであると解りました。しかし、未だ牛と自分の間に大きな隔たりがあります。

五、牧牛《ぼくぎゅう》

牛を飼い慣らそうとしますが、未だ手綱を放すことはできません。

誘惑に心が大きく揺さぶられ、牛のことを忘れてしまうのです。

六、騎牛帰家《きぎゅうきか》

牛に乗って家に帰ります。家とは、あなたの「今・ここ」です。

これまでは、真実なるものを求めていましたが、これからは、真実なるものに親しく生きていくのです。

七、忘牛在人《ぼうぎゅうざいじん》

家に帰ると、そこに牛の姿はありません。牛を捕まえて帰ったことさえも忘れているかのようです。

それは、「悟りすました余生を送る」ことではありません。「今・

ここ」に現れるものを嫌わずに楽しんでいく姿です。

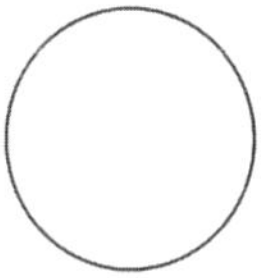

八、人牛倶忘《じんぎゅうぐぼう》

人の姿も消えて、一円相だけが描かれています。

これまでの煩悩を持て余していた自分、牛と共にいた自分、真実なるものに親しい自分ということまでも、すべて蹴っ飛ばした境地です。

「かたよらない、こだわらない、とらわれない」心が現れています。

九、返本還源《へんぽんげんげん》

「万物が本来の姿でそこにある」、いわば、あるがままの自然の美しさを我が命とします。

実は、この姿は修行や悟りとは無関係に厳然と存在していました。

つまり、この境地を誰もが生まれながらにして持ち、万人が共有しているのです。

十、入鄽垂手《にってんすいしゅ》

真実なるものに気づき体現化して生きるとは、己一人を高めることではありません。己一人の喜びや願いのために、己一人の幸せや健康のために生きているのではないのです。

だからこそ、その経験や見ている世界をご縁ある人に伝えていく使命があるのです。

第三章

「そのままの私」を生き抜く

～生老病死とともに～

それでも、生きる。それでも、今日一日を生き抜きましょう。
人生は「そのままの私」が棄損していくことを望んではいません。
新たな地平を指差して、真実なるものに気づくように護り励ましているのです。

生の風光一

関係性

拙ブログの記事を、そのままコピペして自分の日記として公開している人がいました。

タイトルまで同じにして、よほど気に入ったのでしょうか。

なぜこんなことをするのでしょうかとコメントを入れたら、「心の狭い人だ」とメッセージが送られてきました。

私は苦笑しながら、個人主義的価値相対主義という言葉を思い出しました。

即ち、「人間には自由に生きる権利があるけん、迷惑さえかけんかったら、何をしたってええんじゃろ」と装う人のこと。

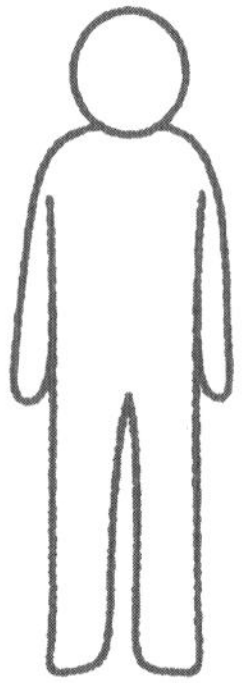

人間関係に少し疲れた時に味わいたいお釈迦さまのお示しを二つ。

二二七
アツラよ
こは 古《いにしえ》より謂《い》うところ　今日《いま》に始まるにあらず
「ひとは黙して座するをそしり　多くかたるをそしり
また　少しくかたるをそしる
およそこの世に　そしりをうけざるはなし」

二五二
他《ひと》の過失《あやまち》は見やすく　おのれのとがは見がたし
他のあやまちをただすこと　糠《ぬか》を簸《ひ》るがごとく
おのれのとがは　詐《いつわ》りふかき賭者《かけし》の

不利の骰子《さい》を　かくすがごとく
自らおおいかくすなり

『法句経』友松圓諦（講談社学術文庫）

私という円を描いて、他者という円を描いてみましょう。

他者とは、私以外の人です。その関わりに濃淡はありますが、他者とは「私ではない人」のことです。それは、たとえば家族や親族であったり同僚や上司であったり、友人やパートナーでしょう。また、お昼に立ち寄った寿司屋の大将、帰りの電車で身体を押し付けあった隣人、テレビに映るタレントも他者です。そして、はっきりとした姿形をつかむことはできない世間や空気というものまでも他者にして、苦しんでいる人もいることでしょう。

私と他者の二つの円の重なりあったところが、いわゆる人間関係です。

この重なりあった部分で、多くの人が悩み苦しんでいます。真心や誠実さだけでは解決のしようのない矛盾がここに多く現れます。重なりを我がものにしようと、諍《いさか》い、争い、刃傷沙汰に及ぶこともあります。

その重なりに折り合いをつけるために、コミュニケーションスキルを磨こうと試みた人もいるでしょう。また、その重なりを持て余した結果、カウンセラーや服薬に頼ることになった人もいます。そして、重なりあっていない部分のなかに本当の自分を探そうとする人も少なくありません。

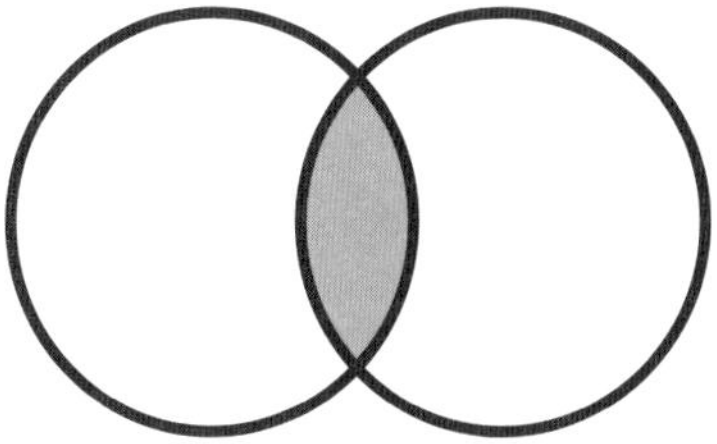

この図を見る上で大切なことは、二つの円を少し遠くから眺める視座を身につけることです。

悩み苦しむ根源は二つの円を固定し、そこで私の円の維持や拡大を目論み、果ては他者の円を成型しようとするところにあるのです。しかし、それでは私と他者という対立の世界からいつまでも抜け出せなくなってしまうでしょう。

けれども、円を少し遠くから眺めることを自分に躾けたならば、「私と私ではない人」という隔たりから離れていくことができるでしょう。そして、いかなる円の存在をも否定しないはたらきがあるという気づきがもたらされるはずです。それは、いくつもの円が重なりあったとしても、お互いが侵すことのない、侵すことのできない「私の他者・他者の私」という融和の世界です。

生命《いのち》は

吉野弘

生命は
自分自身だけでは完結できないように
つくられているらしい
花も
めしべとおしべが揃っているだけでは

不充分で
虫や風が訪れて
めしべとおしべを仲立ちする
生命は
その中に欠如を抱き
それを他者から満たしてもらうのだ
世界は多分
他者の総和
しかし
互いに
欠如を満たすなどとは
知りもせず
知らされもせず
ばらまかれている者同士
無関心でいられる間柄

ときに
うとましく思うことさえも許されている間柄
そのように
世界がゆるやかに構成されているのは
なぜ？
花が咲いている
すぐ近くまで
虻の姿をした他者が
光をまとって飛んできている
私も　あるとき
誰かのための虻だったろう
あなたも　あるとき
私のための風だったかもしれない

『妻と娘二人が選んだ「吉野弘の詩」』（青土社）

この詩にある「他者の総和」とは私自身のことです。

お釈迦さまは「この世の物事はすべて相対的なもので、それらは相互の関係性のもとでしか存在し得ない」とお示しになられました。即ち、「私が生まれ、私が老い、私が病み、私が死ぬ」という「私が」の視座から人生を見るのではなく、他との関係性によってある「私」からの眼差しを育てていくのだ、と。

それは、自我を前提とした命の在り方との決別です。

私たちは自我を前提にして確立された道徳、倫理、正義は崩壊を繰り返してきたことを歴史に学んできました。だからこそ、「私」の円を大きくすることが人生ではないということも心に留めなければなりません。

「私が」からはじまり、「私が」で終わる人生があります。自分のためだけに生まれ、自分のためだけに生きていると刷り込まれている私たちがいます。結婚しても「私が」、子どもを授かっても「私が」、会社でも学校でも「私が」、死ぬ時も「私が」だけで終わってしまう。それでは私と他者の円におびえる人生となってしまいます。

けれども、「私が」から「私たちが」という主語にする営みをすることで、円を超越することができるのです。ですから、他者も自分自身も責めることなどありませんし、もし誰かが「私が」を押し通そうとしたならば、その場からスッと立ち去ることもできるでしょう。

私と他者とを二つに隔てて力比べをするのではなく、私と他者を一つに見るはたらきと智慧もあることを知り置きたいものです。

生の風光二　命への信頼

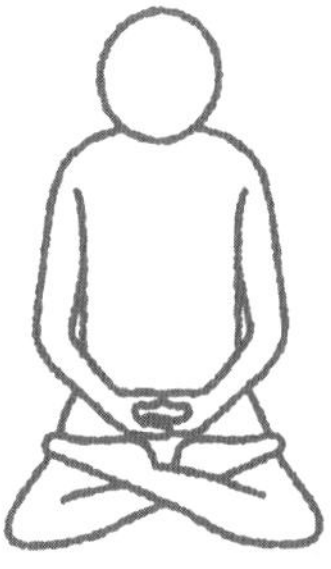

近年、いただいた年賀状の傑作。
人間はどんなに素晴らしい名画よりも、どんなに素敵な宝石よりも、もっともっと大切なものを持っている。どんな時でも、どんな苦しい場合でも、愚痴を言わない。参ったなどと泣き言はいわない。（滝口長太郎の詩「打つ手は無限」より抜粋）そんな一年を過ごしていきたい。

周南市　サマンサジャパン株式会社　小野英輔会長

正月二日十八時頃、近所のスーパーでの出来事。

賑わう店内に、大きな声が響いた。「万引きだ、捕まえろ」

二人の男が凄まじい勢いで、出入り口へと走る。

一人は万引きをした男、もう一人は、それを見つけた客の男。

しばらくして、客の男が、七〇歳を超えたと思われる男性を引き連れて得意げに店内に戻り、大きな声で言い放った。「店員さん、こいつは万引きをしました」、と。

手にしていたのはトマト三個。

彼の事情は知らない。動機も聞きたくはない。


挫けないで生き抜こう。

もう道がないと思っても、案外、ないところにも道がある。そう、何もないところからでもはじめられるのだ。道がなければ橋を作り、架けてでも突き進んでいこう。

これからが、これまでを決めるのだ。

苦しい時、あなたは周囲に当たり散らしたことはないでしょうか。

本当は自分のせいなのに、暴言を吐いたり物にあたったりしてはいないでしょうか。

そんなあなたの振る舞いを周囲の人はじっと見ていることでしょう。


苦しい時、あなたは誰かを妬んだり恨んだりしたことはないでしょうか。

「あいつばかりが良い思いをして」と嫉妬したり、「こうなったのはあいつのせいだ」と憎んだりしていませんか。

人の成功を喜べないあなたに、誰かを貶めようとするあなたの言葉に、あなた自身が傷つくことになるでしょう。


苦しい時、あなたは何かに依存したことはないでしょうか。

嗜癖（アディクション）はアルコールや薬物などの精神作用物質だけではありません。ギャンブル、セックス、買い物、食べ物、ネットなどの特定の行為に対して「非合理的に耽溺」していませんか。
刹那の果実は、苦しみの本質を和らげる智慧を授けてはくれないでしょう。

苦しい時、大切なものを失くしてしまったことはないでしょうか。「神仏などいるものか」と投げやりになって、今あるものまでも失おうとしていませんか。また、早く楽になりたいと思い、まがい物に縋《すが》ろうとしていませんか。失くしたものを数えることよりも、今、手にあるものを愛おしむことからはじめる視点を育てましょう。

苦しい時、遣り過ごす勇気と工夫が大切です。
その工夫とは、できることから片付けること。次に、It is getting better. 即ち、自分にとって一番良いものが「今・ここ」に現れていると肚をくくること。人間は知らず知らずのうちに、自分にとって一番いい人生を歩んでいるものなのです。

なによりも大切なことは自分はもうダメだと思い込んでしまわないことです。自分のことで悩める、時間を使えるのは、実は、とても幸せなことです。そんな時こそ、卑下をしないで少し遠くを見ましょう。

数十年後、今のあなたが苦しんでいる事柄の多くはおそらく解決していることでしょう。しかし、数十年後のあなたは現段階においては予想すらできないものを抱えて苦しんでいるかもしれません。

辛いことや苦しいことが重なると、何もかもを否定されたような気持ちになることもあります。ともすれば、自分の命の価値までも汚されてしまったような気持ちになることがあります。

けれども、命への信頼を失くしてはなりません。

苦しいと思っていたものに、実は、護られ育てられています。

なぜならば、どんなことがあっても傷つけられたり侵されたりしない命を私たちは生きているからです。そして、その命は「寂しいことは恥ずかしいことではなく、悲しいことは惨めなことではないのだ」と私たちを励まし続けてくれているのです。

だからこそ、胸の痛みを嫌わずに大切にしていきましょう。

老の風光一　命を寿《ことほ》ぐ

この国は「前例のない高齢社会」を迎えています。

健康長寿の論理的帰結の一つに認知症の増加があります。認知症の中核症状やＢＰＳＤを学習しても、感情は最後まで残るのだと教えられても、家族介護者の疲弊を解消することは難しいものです。厚生労働省は新オレンジプランを展開していますが、地域社会は描いた理想を共有できず、介護で家庭が崩壊した話も珍しくありません。また、報酬の問題もあるのでしょうが、ユマニチュード、バリデーションなどの心の用い方を学んだはずの介護士の離職率は高いままです。

今や「長生きは素晴らしい」という考え方だけでは、理解し得ない状況が生まれつつあります。それは当事者や家族だけのことではありません。

現代の日本は「豊かさの次の問題」を抱えています。医療業界の人材不足、社会保障費や介護負担の増大、また、生産年齢人口の減少を伴っての国力の低下や社会福祉制度の崩壊が待っていると指摘されています。

健康で働ける人は歓迎され、そうでない人は肩身の狭い思いをする。

その根幹にあるのは「生きるに値する生とそうでない生があるのか」という問いです。

そんな問いが立つのは、「人間はなぜ生まれて、なぜ生きなければならないのか」という視座が欠けているからではないのでしょうか。そして、「私の命は私だけのもの」と思い込んでいるからではないのでしょうか。

特別養護老人ホームで、九〇歳を前にした認知症の女性とご縁を頂戴しました。

彼女は昨日お会いしたのに、「久しぶりだね、元気だった？」と挨拶をされます。話の途中でも「どちら様でしたか？」と訝《いぶか》しげに尋ねられることもあります。

彼女の話はいつも「若い人はいいね。歳を取ったら何も無くなった」からはじまります。そして、帰り際には必ず握手を求めます。私の目を見つめ「また、来てね」と言い、その言葉が納得に変わるまで手を放してはくれません。

そんな彼女の現在を「生産性と利益の追求」というカテゴリで見れば、彼女は何もしていません。だからといって、彼女は不要なのでしょうか。


面談の時間はおよそ一時間。人生の来し方を懐かしむように話される時もあれば、歩まれた隘路《あいろ》に落涙する時もあります。また、お茶を飲んで終わることもあれば、テレビを一緒に見て過ごすこともあります。

彼女は徘徊や弄便《ろうべん》もなく、泣き喚《わめ》くことも害を及ぼすこともありません。お迎えの時をじっと待っているかのように、見もしないテレビの前にいつも独り座っています。

彼女は時折、目に涙を浮かべていることがあります。「何かお辛いのですか」と声をかけると、いつも同じトーンで答えます。「私は誰かをとても傷つけてしまったの。けれども、それが誰なのかを思い出せない」と。

彼女の口癖は「親孝行をしなければならない」です。彼女は親の顔を知りません。生後すぐに捨てられたそうです。しかし自身の出産を経験した時に「憎んでいた両親を許せた」と仰いました。なぜならば、我が子を産み、抱き、愛おしみ、育てる過程を経て、「自分が勝手に生まれ、自分の力だけで育ってきたのではなく、皆さまのおかげで命がある」ことを知ったからだ、と。そして、「私の命は私だけのものではなかった」という気づきを得たからだそうです。

彼女と過ごした時間は、「何も考えることはない、考えられない」と訴える認知症の人に果たしてスピリチュアルなケアは必要なのだろうかという疑団を私に抱かせてくれました。というのも、スピリチュアルな問いや痛みがあってはじめて、スピリチュアルケアが成り立つものでしょうし、そのケアの結果、その人の人生観を支えるものにつながることが最上だと考えていたからです。

しかし、スピリチュアルケアというものは、そんな第一義のことばかりではなかったのです。たとえば、その人に出逢えたこと、一緒にテレビを見たりおやつを食べたりすること、共に語る時間、そんなふうに厭《いと》わずに傍《かたわ》らに居ることもまた、スピリチュアルなケアなのだと彼女は示してくれました。

今、彼女は稼いだり働いたりすることはできません。

しかし、生きること、老いること、命があることを全身全霊でご説法されているのではないかと思うのです。

命は消費するものではなく寿ぐものである、と。そして、命は比べるものではなく、それぞれの持ち場で手間をかけて生きていくこと自体に価値があるのだ、と。

知命を前にして、「人生とは失っていくものである」ことをひしひしと感じるようになりました。
移り変わっていくものにおびえずに、命を寿ぎたいと願っています。

老の風光二

老いの道標《みちしるべ》

お釈迦さまは旅の途中で、弟子のアーナンダに告げられます。

「私はもう老い朽ち、齢をかさね老衰し、人生の旅路を通り過ぎ、老齢に達した。
わが齢は八十となった。譬えば、古ぼけた車が革紐の助けによってやっと動いて
行くように、恐らく私の身体も革紐の助けによってもっているのだ」

『ブッダ最後の旅―大パリニッバーナ経』中村元（岩波文庫）

アンチエイジングにお金や時間をかけて、「老い」を遠ざけようとしてきたはずなのに、最後まで抗うことはできやしない現実。

杖をつくようになり、車椅子を使うようになり、自分の足で立てなくなる。

自分の手で食事ができなくなり、おむつをするようになり、動けなくなる。

思い出せなくなり、考えるのも億劫になり、自分のことさえ分からなくなる。

生意気な学生の頃　親を鬱陶《うっとう》しいと思った自分がいた
今　悔悟と時間の優しさを痛切に感じる
懐かしく暖かな日々　穏やかで緩やかな時　宝物のような故郷
白い頭　遠くなった耳　痛む身体
私を育ててくれた元気な頃の親の今の姿
改めて思う
自らの命を削って我が子を育てたのだ、と
老いてなお　親は子のために先を歩いてくれる

やがてあなたも歩く道だから、と

無題詩　良寛　乙子神社草庵時代のもの

老病覚来不能寝
四壁沈々夜正深
燈無焔爐無炭他
只有凄涼枕積衾
不知何以慰我心
暗曳烏藤歩庭陰
衆星羅列禿樹花
遠渓流落無弦琴
此夜此情聊自得

老病覚め来たって寝る能わず
四壁沈々として夜正に深し
燈に焔無く爐に炭無し
只凄涼枕衾に積もる有り
知らず何を以て我が心を慰めん
暗に烏藤を曳いて庭陰を歩す
衆星羅列す禿樹の花
遠渓流れ落つ無弦の琴
此の夜此の情聊か自ら得たり

他時異日向誰吟　　他時異日誰れに向かつて吟ぜん

【意訳】

老いさらばえて、なかなか眠りにつけない
闇が暗くのしかかり、夜の帳《とばり》が深い
燈の明かりはなく、爐に炭の火も残ってない
名状しがたい寂しさに包まれてしまった
果たしてこの心を慰めることができようか
暗闇のなか、杖に身を任せ庭に出てみる
満天の星が光を放ち、木々に花を咲かせているようだ
谷川の柔らかな音は、まるで琴を奏でているようだ
「嗚呼、生きていてよかった」と、跪《ひざまず》き手をあわせた
このことを共有してくれる友はいるだろうか

同じ言語を使用し、同じものを見、同じことを体験したとしても、
その境涯によって、その意味するところは異なる。
星のきらめきや谷川のせせらぎを、己の命とする人もいる。

楽しい時やハッピーな時は、悲しい時や辛い時よりは、居心地はいい。
そう、居心地がいいだけのこと。幸せは居心地の良さのことではないのだ。

朝、新聞をめくりながらインスタントコーヒーをするのが、いつもの朝食。
妻は起きてこず、やさぐれ娘は帰ってこない。
片道二時間かけて、職場へと向かう。
人の使い方を知らない上司、同じ人間とは思えない部下。
取引先からはクレームの電話。
頭を下げ、怒鳴られ、媚びる。

陰で何と言われているかくらい、俺だって知ってるさ。

雲行きは変わることなく、「定年まで、あと二年」と自分に言い聞かせる。

そんな気だるい午後であっても、世界中が敵に思えても、死んでしまいたいと思う状況にあっても、しかし、いのちの風光は輝いていることに眼差しを定めたい。


お釈迦さまは王子の座を捨てて出家されました。食べるものは、托鉢で頂戴したものです。持ち物は三衣一鉢。寝るところは樹下石上。

お悟りをひらかれてからも、誤解されて命を狙われたり、親族を滅ぼされたり、できの悪い弟子に逆恨みされたりもしました。その身に起こった出来事は素敵なことばかりではなかったのです。


けれども、終焉の地クシーナガラに向かって歩かれた際、「樹々は美しい、この世は美しい、人の命は甘美である」と呟かれました。「あの時ああしておけばよかった、あの時こんな風に言えばよかった、あいつに裏切られた、あいつだけは許さない」、ではなかったのです。

及ばずながらも、「樹々は美しい、この世は美しい、人の命は甘美である」というように人生を眺められることを老いの道標としたいものです。

病の風光一

一得一失《いっとくいっしつ》

『無門関』第二十六則にある中国禅宗の基礎を築いた五家七宗《ごけしちちゅう》と呼ばれる宗派のなかの一つ、法眼宗《ほうげんしゅう》の祖、法眼《ほうげん》の話です。

ある日の食事の時、法眼和尚は黙って御簾《みす》（竹で作ったすだれ）を指差しました。

その意を察した二人の修行僧が、すぐに立ち上がり御簾を巻き上げると、和尚は

「一得一失」と言いました。

これだけの話です。

ここでは、一得一失という言葉を「一人はよし、一人はダメ」という意で用いています。ただし、法眼和尚はどちらが合格でどちらが不合格かとは言っていません。何が良い、何が悪いとも指摘していません。

しかし、御簾を巻き上げた二人の修行僧は、お師匠さまに「一得一失」と言われて、大慌てです。何か至らぬところがあったのでは、「一得一失」という言葉に重要な意味があるのでは、と右往左往してしまいます。御簾は巻き上がって、青い空が現れたことに気づけません。

あなたならば、そんな言葉の揺さぶりをかけられた時、いかがでしょうか。

いい人、いい天気、いい時間、みんな私の都合です。

良し悪し、可不可、好き嫌い、みんな私が基準です。

花は、咲いている時だけが花ではありません。人生は、面白可笑しく生きている時だけが人生ではありません。流した血や涙も、嗚咽も、悔恨も、人生なのです。

だからこそ、「得失是非を一時に放却する」ということも肚におさめておきたいものです。
そして、それぞれの而今を生き抜いていく。

確信

あなたと出逢い三十数年　同い年の五十八歳
年末私にがんが見つかり　あなたは仕事を辞めた
感謝の思いで一杯だけど「迷惑をかけたな」という思いも拭われない
抗がん剤の治療も甲斐なく　これから免疫療法
はじめはそんなに仲のいい夫婦じゃなかったと思う
喧嘩もした　別居もした　あなたには私以外の女もいたはず
子ども三人はそれぞれ自立したから安心
可愛い可愛い孫も抱けた

今　あなたは献身的に私を支えてくれている
毎朝　仏壇の前でお経を一時間も唱え　私の回復を祈る
食事を作り　病院まで車を走らせ　私を待つ
時折　部屋に籠《こも》るのは　あなたの癖
三月「坐禅をしてみないか」とあなたは私に問いかけた
「しんどいから、嫌よ」と私は笑いながら言った
数日後今度は「坐禅をしてみようよ」と誘ってきた
「うーん、それも悪くはないわね」と答えてあげた

ふと襲われる死の囁《ささや》き声に　胸の奥が騒ぎ立つ
暴れたい気持ちを抑え　気づかれぬように独り止まらない涙をふく
突然の事故で亡くなった方の報道を見て思うことがある
もしかしたら　家の洗濯物は干したまま？
保育園の迎えは誰が行くの？　晩御飯の準備はどうするの？

いつもの暮らし　決まっていた行事　楽しみにしていた旅行
悲しみを比べてはいけないけれど
この病のおかげで人生のまとめができると思った
がんは　私と最期までいてくれる
几帳面な私には必要な時間　案外素敵なプレゼント
目を閉じると　懐かしい顔　暖かな日々　緩やかな時間
友達　恋人　先生　お父さん　お母さん

四月あなたの選んだお寺で坐禅をした
「無理に足は組まなくてもいいですよ」と小太りの老師は教えてくれた
身体を真っ直ぐにして一息《ひといき》一息《ひといき》を丁寧にと
およそ四十分
病気のこと　子どもたちの顔　孫のしぐさ　そんなことが心のなかを駆け巡った

でもふと「あなたがいない！」と思った
慌てた私は　隣に坐るあなたの顔を見た
あなたがいた
私の隣で　穏やかに凛として　とても綺麗なあなたの顔
この場所で　あなたと私が坐っている
この世界のなかで　あなたと私がひとつになってここにいる

桜の舞う春
照りつける夏の太陽
秋の心地よい涼しい風
雪の季節は穏やかに過ごしたい
そしていつもの見慣れた台所
あなたと子どもたち三人とそのお嫁さんと大切な孫の愛留《あいる》ちゃん
「永遠の今」が愛しい　このままいたい

目に映るものが優しい　もったいないこの時間　何もかもが愛おしい
今　素直に思える　生まれてよかった　生きてきてよかった
生まれてきて本当によかった　生きてきて本当によかった

病の風光二

当病平癒《とうびょうへいゆ》

中学生の頃に手にした『夜と霧』。

そこにあったニーチェの言葉「なぜ生きるかを知っている者は、どのように生きることにも耐える」にとても感銘を覚えたものです。その出典は『偶像の黄昏』箴言と矢の第十二にある「He who has a why to live for can bear almost any how.」とのこと。

「なぜ生きるかを知っている者」になれたならば、とても素敵なことでしょう。けれどもそれは容易なことではありません。ならばせめて私たちは「なぜ生きるかを知ろうとする者」になりましょう。なぜならば「なぜ生きるかを知ろうとする者」であってこそ、「人の思いやはからいを超えた」学びや智慧を受け取れる日が来るからです。

広島で開店して五年を迎える店のママは、病気について聞く私に、「誰かのために役に立つのなら、こんな阿呆でもなんとか生きてますよってね」と語ってくれました。

「こう見えて、私、二回自殺しようとしたんよ。睡眠薬の大量摂取で」

三十三歳の頃、夫の浮気、同居する姑との関係に悩み、睡眠障害になったという。調子のいい日は飲まずに貯めていた処方された薬、およそ二百錠を「楽になりたい、楽になりたい」と言いながら、一粒ずつすべてを口にしたそうだ。けれども、発見が早く死に至ることはなかった。

「まさか自分が重度のうつ病と診断されるとは思わなかったし、その後は、離婚。そして、入退院を三年ほど繰り返したかな。三か月入院したら、三か月出る。そんなことばかりしよったら、お金も無くなるわね。だから、夜の世界に入ったんよ」

離婚後の暮らし、抱えた病、慣れぬ仕事。どれ一つ、楽なものはなかったそうだ。

「ただ本当に幸いなことに、何人かの人が応援してくれてねぇ。それで、やってこられたんよ」

彼女は病を得て以来の数年間、それを治癒しようと祈願の寺院にも足繁く通ったそうです。そして、「当病平癒」のお札やお守りをたくさん集めたとのこと。病気をなんとかしたいと切実に願い、自分の力の及ばないものがあると知ったからこそ、奇跡という言葉に惹かれたのでしょう。

「でも、効き目はなかったねぇ」と笑います。

今も月に一度、通院しているとのこと。

「先月、重度のうつ病ではなく、双極性障害I型だと診断されたんよ。だから、薬を変えるって。今も薬なしじゃあ夜は寝られんし、落ちる時はほんまにひどいから」

お話を伺わせていただいて、「今も辛いですか」と聞いてしまったことを後悔している私に、彼女がそっと教えてくれました。

「このまま死んでしまうのかなとか、このまま死んでしまいたいって思う時が、今もあるからね。そんな時は本当に辛い。けどね、うちは病気は治っとると思うんよ。病気は私の一部になったんやって。だから、私自身に至らんところがあるから、病気が騒ぎよるって。じゃけん、治すのは病気じゃなくて、私の方だと思うんよ」

「どうしてそんなふうになれたのですか」と驚きながら尋ねた私に、少し考えて答えてくれました。

「ようわからんけど、とにかく生き抜こうと思ったんよ。辛いぐらいで死んだらいけん、まだ人生には何かあると思い続けてたら、そんなふうに思えてきたんよ」

彼女の霊験は違った形で現れました。つまり、「病気になる前の状態」には戻ることはできませんでしたが、彼女は「病気になったからこそ見えたもの」を育てることができたのです。それは、病気を敵ではなく自分自身にすることでした。そして、その病によって自分自身を高めていこうという視座までも手にしたのです。

当病平癒とは、当病を平癒することを願うのではなく、当病は平癒していると受け取ることなのだ、と彼女に教えていただきました。

死の風光一
にもかかわらず

五月、交通事故で一人娘を亡くした両親。小学四年生、登校中の出来事だった。
苦しみ悶えた十三年間。「離婚しないですんだのは」とベルフラワーを指差した。
「乾燥したら水をやるだけ。あの日咲いていたこの花は枯らせないから」と。

朝、珈琲をひいて仏壇の夫の写真にお供えする時間。
いろいろと話す日もあれば、ただ一緒に珈琲を口にする日もある。
死別して八年、「なんとか自分を保てたのは珈琲のおかげよ」と笑った。

親友の三回忌。遺影に「元気ですか？」と問いかけている自分に気が付いた。
「私って変ですか」と尋ねる彼女に、「あまりいないよね」と応えたら……
「私のなかで親友は生きていると強く感じたの、だからつい」と教えてくれた。

亡くなった母親にお経をあげてほしいと訪ねてきた男。母親が夢に出たとのこと。
「できれば、親不孝を詫びるような内容のお経で」とのリクエスト。
『父母恩重経』を一緒に読みはじめて数分後、号泣する彼の姿があった。

朝の新幹線、年配の男性がお一人。
窓際に、額に入れた同年代の女性の写真を外に向けて置いている。
そして、サンドイッチと野菜ジュースも。

「死後離婚」が増えている。「亡夫の親族とは縁を切りたい」という希望。
「姻族関係終了届」を市区町村の窓口に提出すればいい。
命は生きている間だけ、この世は生者のためだけにある、そんな考え方。

五〇歳を超えた頃に、大学生の息子を亡くした母親。
「あの時、ご飯一粒を身体に入れるのが難しかった」と振り返る。
以来十数年、ようやく悲しみを人に語れるようになったとのこと。

定年を前にしての夫の自死。「勝手に死んだ」と恨む妻。
数年後、自死の現場に行って、納得した。「夫の死を認めてあげよう」と。
生の称賛ばかりの世の中で、死に方まで許してあげられる柔らかさを持てた人。

心の痛みは取れるはずはない。いや、心の安寧など望まない。この痛みが、この涙こそが、娘の生きた証になるのならば。命のゴールは死ではない、そんなことを娘に教わっていると語る父。

彼女は血圧の薬を常用していた。しかし、そのこと以外は普通の暮らしぶり。朝五時に起きて朝食を作り、夫と小学一年生の娘を送り出す。最近は、近くの工務店で経理の勤めをはじめた。多くの人が、彼女の底抜けに明るい人柄を慕っていたという。

それは九月の夕方のこと。帰宅した娘が目にしたのは、台所に倒れて大きく鼾をかく母の姿だった。皆の祈りも届かず、三十六の最期であった。「なんで」と叫ぶ友がいた。「小さな子がいるのに」と囁く声がこだまする。

大切な人を亡くした親子を慰める言葉を、誰も持ってはいない。

泣き腫らした目をしながら、父のそばに、ちょこんと座る娘。
幼い心に母の死を理解しようとするのか、黙り込んでいた。
妻の位牌を持つ夫の片手は、一瞬たりとも娘の肩から離れることはなかった。

儚《はかな》い命を生きていることに、改めて気づかされながらも、不条理な現実は、やはり、受け入れ難い。
移り変わるこの世の理があることも、この場には救いにもならない。

通夜の後、「ママはどこに行くの」って、父親に尋ねた娘。
葬儀の前、父親にわかりやすく教えてやってくださいと懇願された。

「こんなふうにお別れをするなんて、ママも思ってもみなかったと思うよ。桃華ちゃんの成長を見届けられないのは、ママにとって、とても悲しくとても辛いと思う。もっとお話ししたかっただろうし、もっと遊んだり、旅行したりもしたかった。もっともっと、あなたのそばにいたかったと思う。桃華ちゃんは、ママが大好きでしょう。

ママも桃華ちゃんが、本当に大好きだったと思う。だから、そのことは忘れないでね。あのね、ママは、決して遠いところに行ってしまうんじゃないよ。あなたの思いの届かぬところへ、消えて行くんじゃない。ママは桃華ちゃんのなかに、一緒にいるんだ。寂しかったり悲しかったりしたら、『ママならどんなふうにするだろうか』って考えてほしいんだ。ママはあなたを本当に愛しているから、あなたの手を離しはしないからね」

にもかかわらず、生きること。にもかかわらず、生き抜くこと。

小さく頷いてくれた彼女に、私は手をあわせました。

死の風光二

死別の周辺の事柄

死の側面には死別の痛みだけがあるのではありません。その死をいかに弔うかについての現実的な事柄にも対処しなければなりません。

それはたとえば葬儀社の選択、死亡のお知らせの範囲、荼毘の日程や通夜葬儀の規模、お骨の行き先、そして、相続などを、信仰や因習、死生観や価値観、家族のつながりのなかで決めていかなければならないことが多々あります。

同窓会の席で、数十年も会っていなかった友人が作務衣姿の私を見つけ「もう葬式も寺もこりごりだよ」と笑いながら話しかけてくれました。

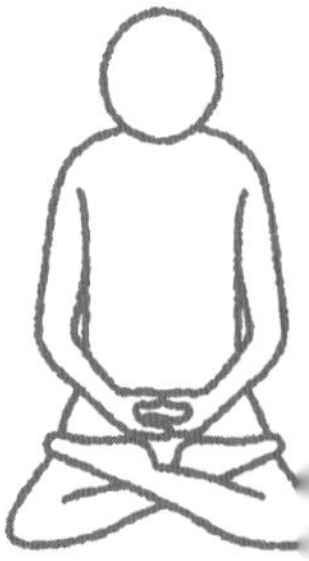

というのも、二年前に彼は母親を亡くした際に、とても嫌な思いをし、未だにそれを拭いきれていないというのです。

彼は離婚後、母親と二人で暮らしていました。父親は、彼が幼い頃に亡くなっています。

「いってらっしゃい」と母親に声をかけられ、いつも通りに出勤したあの日。まさかそれが最期の言葉になるとは、夢にも思わなかったそうです。母親が病院に運ばれた知らせを受け、彼が駆け付けた数十分後には息をひきとりました。

はじめての喪主。

病院で紹介された葬儀社と詳細を決める時、彼は母親をいかに弔うかよりも、自分の予定をまず優先するような思いが先にあったそうです。「今、仕事を休むことはできないな」、と。

結果、通夜葬儀はせずに炉前でお別れをするスタイルで進めることにしました。派手なことを嫌う母親だったたし、「僧侶を呼んで葬式をすることに意味を見出せなかったから」という理由が大きかったとのこと。

ところが茶毘《だび》の前日、母方の叔父さんに「せめてお経ぐらいは読んでもらえ」と言われてしまいます。そこで葬儀社に頼もうとしたところ、弟さんがネットで葬儀社の見積もりよりも安価な僧侶派遣会社を見つけて注文をしました。

そして茶毘の日、若い僧侶がやって来て、「普通の戒名です」と紙を渡され、十数分ほどのお勤めをして帰っていきました。

そうして過ごした茶毘が終わるまでの三日間は、悲しいという感情が湧き出すことも、涙がこぼれることもなかったそうです。ただ身体全体がふわふわと麻痺したような感覚に支配されたままだったとのこと。

それから数か月後、彼は母親の遺骨を納めようと、父親の眠る墓がある田舎のお寺に電話をします。しかし、住職さんからは「菩提寺に連絡をすることなく行った葬儀や戒名は認めらない。菩提寺には典礼権があるから、葬儀をやり直して戒名をつけ直します。そうしなければ、納骨は許可できない」と事務的に告げられてしまいます。

彼は一旦電話を切り、荼毘の際に来た僧侶やその派遣会社に間に立ってくれるよう問い合わせをしました。しかし、こちらも契約書を交わしたわけでもなく、「ご依頼の通りにしたまでです」との一点張りで取り合ってもくれなかったそうです。

結局彼は、田舎のお寺で改めて母親の葬儀をしました。菩提寺から戒名を授かり、ようやく納骨をすませました。

「自分がしきたりについて無知だったのは反省しているけれども、でも割り切れないんだよね。葬式をやり直すなんてさ。菩提寺というけれど、信仰をしてるわけでもないし。それよりも、あのごたごたで、母親の人生や死までが汚されてしまったような思いが強く残っているんだ」と、真情を吐露してくれました。

最近、拙サイトにも「葬式や法事をしなくてもいいのですか」とメールで相談してくる四十代や五十代の人が多くなりました。結婚式よりも葬式に顔を出すことが多くなり、親御さんのこれからのことを考えはじめたのでしょう。

メールには、親御さんに「葬式はしなくてもいいよ、簡単でいいよ。戒名もいらないよ」と言われたとあります。また、週刊誌や報道にある「騙された、ぼったくられた」という声に不安と疑問を抱いたともあります。そして、葬式や法事をしないがために不幸になったり罰があたったりするのだろうかという声もあります。

僧侶の私にそのようなことを聞いてくるということは、もしかしたら、「葬式法事をしなくてもいいという賛同」を求める心根の影に、「なぜ先人たちが葬式や法事をしてきたのか」を知りたいという思いがあるのかもしれません。

現代は「見えないものは信じない。煩わしいものは排除していく。自分さえよければいい」そんな感覚が蔓延しているようです。その結果、この世限りの人生観が支持されることになりました。

遺族は消費者の立場を強くし、儀式は商品となりました。その視座では、死者の弔いよりも生きている者の気持ちの整理が重要視され、「意味のわからないお経、高額の戒名」は無用なものなのでしょう。

でも少しだけ、思いを巡らしてみてください。

私たちは自然と手をあわせ瞑目した経験があるはずです。それは、私たちが「弔わないではいられない心」「冥福を祈らないではおられない心」も持ち合わせているからです。

弔うという儀式は、死者の慰霊のためのものだけではありません。また、生きている者の見栄を満たすものではないのです。

死者と生きている者が共に時間と場を共有することで、いのちの恵みを確認する契機となり、また前を向いて「生死の問い」を生き抜く糧となるものなのです。そして、真実なる世界は生きている者だけの世界ではないこと、祈れば届くほどに自分とその世界が離れたものではないことを教えてくれるのです。

アングリマーラの物語
～あとがきにかえて～

この最終稿を書くにあたり、ここ数日間、私のなかに一人の人物が顔を出しております。それは指斬り魔と呼ばれたアングリマーラです。『鴦掘摩経《おうくつまきょう》』に描かれた彼の人生を見届けておきたいのです。

彼はとても優秀な青年でした。ある師に深く心酔し、一番弟子として師に仕えていました。そんな彼に師の妻が懸想します。ある日、師の留守中に妻は彼を誘惑しましたが、彼は拒みました。

結果、屈辱を受けたと恨む妻は自分で衣類を引き裂き、夫に彼から辱めを受けたと告げました。

それを聞いた師は復讐の念を抱き、真実とは正反対のことを彼に教えたのです。

「君はもう十分に学んだ。今や、一つのことを残すのみである。それを速やかに成就したければ、この剣を持ち、夜が明けたら四つ辻で百人を殺しなさい。一人殺すごとに一本の指を切り取り、それを糸に通して首飾りを作りなさい。そして、正午までに百本の指を集めなさい。その通りにすれば、君の修行は完成だ」と告げ、彼に剣を授けました。


真実に反することを師から告げられた彼は、躊躇し懊悩します。けれども、四つ辻にまで来た彼に悪鬼が手を貸し、彼の心は消耗します。そして、遂に剣を手にしました。


彼は、九十九人を手にかけました。

その頃、彼の母は息子がいつまでたっても帰らないので心配し、師の宅に弁当を届けようと四つ辻に差しかかりました。命じられた刻限が迫っていたため彼は、通りがかった母を百人目の犠牲者として選びました。そして、母に斬りかかろうと身構えた時、お釈迦さまが彼のために現れたのです。

「止まれ」と彼はお釈迦さまに言いました。すると、お釈迦さまは「我は止まれり。ただ汝は未だ止まらず」と応えられました。

そして「私は法を楽しみながらこの道を修行しているが、あなたは未だに心安らぐことを知らない。だから、私があなたの過《とが》を除いてあげよう」と諭されたのです。そのお釈迦さまの思いが彼の心の底に響き、懺悔《さんげ》し、お釈迦さまの弟子になりました。お釈迦さまは、彼を他の弟子と同様に扱いました。

時の波斯匿王《はしのくおう》は彼を討つために城を出て、お釈迦さまのもとに立ち寄りました。そこで、比丘《びく》となった彼と出逢うことになります。仏教に帰依していた王は、彼を捕らえるどころかお釈迦さまのお弟子の一人として「供養をしたい」と申し出たのです。

ある時、彼が托鉢していると難産で苦しんでいる女性がいました。何も手助けできなかった彼は、どのようにすればいいのかお釈迦さまに問います。すると、お釈迦さまは「私の言葉に嘘はありません。私は一度も人を殺めたことはありません。このことを本当だと思うことができるならば、あなたは安全に出産できるだろう」と、その女性に言うよう彼に告げました。

彼はとても驚き、お釈迦さまに気持ちをぶつけます。「九十九人を殺めた過去は消し去れるものではありません」、と。

それを聞いたお釈迦さまは諭されました。「前世と今生は同じものではない。だから、嘘ではないのだ」、と。

彼は妊婦のもとに戻り、教えられた言葉を伝えようとしました。ところが、その言葉が終わらないうちに、妊婦は赤ちゃんを無事に出産しました。

またある時、托鉢に出かけた彼を、彼に恨みを持つ人々は瓦や石を投げつけ、矢を射、刀で斬りつけ、杖で打ち据えました。彼は血みどろになり、衣は破けた姿でお釈迦さまに申し出ました。

「私は皆に怖れられた殺人鬼でした。しかし、お釈迦さまと出逢うことができました。ですから、どのようなことになろうとも、この道を歩く糧にいたします」

あなたは、彼の人生をどのように受け止めるでしょうか。

出逢いというもの、師というもの、人を殺めること、仏戒を授かること、世情、そして、それでも生きること。

そんな真っ只中を生きる彼に、私は懐かしさを覚えるのです。「嗚呼ここにもいたのだ」、と。そして、また、ここからはじめようと自分自身を励ますのです。

人生に特効薬はありません。問いを抱えながら生きていくことです。

それを肚に呑み込めたならば、心の変化が現実を変えてしまうこともあるでしょう。
「そのままの私」が宝処です。
その宝処を寿いで生きていくお互いでありたいと願っております。
拙著を通じて、同じ地平を共有できるあなたと出逢えたことに感謝申し上げます。

末筆ながら、多々問題を抱えている私に上梓する機会を与えてくださったメタモル出版石川嘉一社長に深謝申し上げます。また、坐禅のイラストを担当していただいた小枝真紀さん、十牛図のイラストを担当していただいた増田翠葉さん、遅筆の私に根気よくお付き合いくださった編集の浅賀祐一氏とのご縁を頂戴したことを心より嬉しく思っております。

二〇一七年二月　大童法慧

大童法慧（だいどうほうえ）

1969年山口県徳山市（現・周南市）生まれ。20歳の頃より福井県仏国寺の原田湛玄老師のもとへ通い、参禅を続ける。駒澤大学仏教学部禅学科卒業後27歳で出家得度。大本山永平寺にて安居修行。大本山總持寺にて役寮を経験。現在は福島県徳成寺副住職。満月の夜の坐禅会、15の夜の法話会などを実施するほか、講演、企業研修など精力的に活動中。悲しみを佛の智慧に学ぶ会主宰。保護司。

著書に『運を活きる』『坐禅に学ぶ』（ともに、さくら舎）、『「そのままのあなた」からはじめる『修証義』入門』（雄山閣）などがある。

ホームページアドレス　http://houe.jp/　徳成寺 http://tokujoji.jp/

イラスト ◎小枝真紀、増田翠葉
装丁・本文デザイン・DTP ◎Izumiya（岩泉 卓屋）

2017年2月27日　初版発行
2018年6月 5日　改訂版初刷発行　《検印省略》

「そのままの私《わたし》」からはじめる 坐禅《ざぜん》【改訂版】
～抱えている問いを禅の智慧に学ぶ～

著　者　大童法慧
発行者　宮田哲男
発行所　株式会社 雄山閣
〒102-0071　東京都千代田区富士見2-6-9
TEL　03-3262-3231 / FAX　03-3262-6938
URL　http://www.yuzankaku.co.jp
e-mail　info@yuzankaku.co.jp
振　替：00130-5-1685
印刷・製本　株式会社ティーケー出版印刷

ISBN978-4-639-02582-5 C0015
N.D.C.183　190p　19cm